职业教育“互联网+”新形态教材·财会系列

新编企业财务会计学习指导与练习

（第4版）

任文跃　周迎春　主　编

電子工業出版社
Publishing House of Electronics Industry
北京·BEIJING

内 容 简 介

本书是“职业教育‘互联网+’新形态教材”《新编企业财务会计》（第 4 版）的配套教材，用于配合主教材完成各项能力训练。

本书按《小企业会计准则》编写，体现了 2020 年 8 月中旬以前相关法规变化对小企业会计核算的影响。

本书由会计认知能力训练，货币资金核算能力训练，应收及预付款核算能力训练，存货核算能力训练，固定资产核算能力训练，无形资产及长期待摊费用核算能力训练，应付及预收款项核算能力训练，银行借款核算能力训练，所有者权益核算能力训练，收入、费用和利润核算能力训练，财务报表编制能力训练 11 个模块组成。

本书既可作为《新编企业财务会计》（第 4 版）的配套用书，也可作为职业培训测试和自学用书。

图书在版编目（CIP）数据

新编企业财务会计学习指导与练习 / 任文跃，周迎春主编. —4 版. —北京：电子工业出版社，2021.8

ISBN 978-7-121-41389-6

Ⅰ. ①新… Ⅱ. ①任… ②周… Ⅲ. ①企业管理－财务会计－中等专业学校－教学参考资料 Ⅳ. ①F275.2

中国版本图书馆 CIP 数据核字（2021）第 119228 号

责任编辑：潘 娅
印 刷：北京天宇星印刷厂
装 订：北京天宇星印刷厂
出版发行：电子工业出版社
北京市海淀区万寿路 173 信箱 邮编 100036
开 本：787×1 092 1/16 印张：10.5 字数：268.8 千字
版 次：2009 年 1 月第 1 版
2021 年 8 月第 4 版
印 次：2025 年 1 月第 3 次印刷
定 价：32.00 元

凡所购买电子工业出版社图书有缺损问题，请向购买书店调换。若书店售缺，请与本社发行部联系，联系及邮购电话：(010)88254888，88258888。

质量投诉请发邮件至 zlts@phei.com.cn，盗版侵权举报请发邮件至 dbqq@phei.com.cn。

本书咨询联系方式：邮箱 fservice@vip.163.com；手机 18310186571。

前 言

本书是“职业教育‘互联网+’新形态教材”《新编企业财务会计》（第4版）的配套教材，用于配合主教材完成各项能力训练。

本书按以下原则编写：

1．题目按《小企业会计准则》设计、编写。

2．题目编写追踪并体现了至2020年8月中旬之前的法规对会计核算的主要影响。

3．各模块题目通过“认知、思辨和职业判断训练”、“应用训练”和“实践训练”3个渐进部分组织，体现了知识从书本中来、到实践中去的设计思想，有助于学习者将教材教学内容逐步转化为实践应用能力。

4．本书开辟了“评价与反思”右边栏，促进学生归纳知识点作用、反思题目解决依据的知识点内容，引导学生对所学知识反复巩固，强化记忆，形成能力。

本书由任文跃、周迎春主编。任文跃编写模块一至模块七，周迎春编写模块八至模块十一。

由于成书时间仓促，书中难免有疏漏和不足之处，敬请读者批评指正。

编 者

目 录

模块一
会计认知能力训练

在线测试

认知、思辨和职业判断训练

训　　练	评价与反思
一、简答题 1. 分别列述会计按会计主体宗旨、作用和报告的不同的分类内容。	**知识点作用（注意老师课上对知识点作用的阐述，并根据老师讲解，理解填写。本书以后简答题同此要求）：** 示例：从宏观层面掌握会计体系框架，明确所学学科在这个体系中的位置。
2. 简述企业财务会计工作的内容。	**知识点作用：** 示例：从整体上把握会计工作的主要事项，指导具体会计核算工作。
3. 列举指导会计工作的会计法规，说明各项会计法与各项会计法规的关系。	**知识点作用：**

训　　练	评价与反思
4．简述权责发生制和收付实现制的基本内涵，并尝试自己举例说明两者对会计确认的影响。 __________ __________ __________ __________	知识点作用：
5．会计信息质量要求有哪些？ __________ __________ __________ __________	知识点作用：
6．简述会计计量属性的内涵，说明会计计量属性的种类。 __________ __________ __________ __________	知识点作用：
7．简述会计职业道德的内容。 __________ __________ __________ __________	知识点作用：

训　　练	评价与反思
二、单项选择题 1. 小张受命为一家符合国务院相关小企业认定标准的工业企业确定适用的会计制度。该企业在可预见期间内不会对外发行股票和债券，则小张应当首选（　　）。 A.《企业会计制度》 B.《小企业会计准则》 C.《企业会计准则》 D.《政府会计准则制度》	☺ □　☹ □ 依据知识点：________ ________________ ________________
2. 我国会计法律法规体系中，（　　）是制定其他会计法律制度的基础。 A.《中华人民共和国会计法》 B.《中华人民共和国合同法》 C.《企业会计准则——基本准则》 D.《企业会计准则——具体准则》	☺ □　☹ □ 依据知识点：________ ________________ ________________
3. 下列关于会计机构和会计人员说法正确的是（　　）。 A. 各企业均需要依法设置自己的会计机构或人员 B. 企业不具备设置会计机构条件的，也可以聘请经批准设立从事会计代理记账业务的中介机构代理记账 C. 会计工作应当按一人一岗原则划分岗位 D. 出纳人员可以兼管稽核和管理费用、应付账款账目的登记工作	☺ □　☹ □ 依据知识点：________ ________________ ________________
4. 企业应当以（　　）为会计基础，确认收入和费用。 A. 权责发生制　　B. 收付实现制 C. 配比原则　　D. 历史成本计量原则	☺ □　☹ □ 依据知识点：________ ________________
5. 以收到或支付款项的时间为基础来确定确认、计量和报告时间的是（　　）。 A. 权责发生制　　B. 收付实现制 C. 配比原则　　D. 历史成本计量原则	☺ □　☹ □ 依据知识点：________ ________________

训　练	评价与反思
6．以收入和费用的发生时间为基础来确定确认、计量和报告经济业务的是（　　）。 A．权责发生制　　B．收付实现制 C．配比原则　　D．历史成本计量原则	☺ □　☹ □ 依据知识点：________ ________ ________
7．为满足（　　）会计信息质量要求，会计人员应当根据企业所处环境和实际情况，从项目的性质和金额大小两方面来判断一项会计信息是否需要披露。 A．谨慎性原则　　B．可靠性原则 C．实质重于形式原则　　D．重要性原则	☺ □　☹ □ 依据知识点：________ ________ ________
8．（　　）会计信息质量要求指出企业应当按照交易或事项的经济实质进行会计确认、计量和报告，不仅仅以交易或事项的法律形式为依据。 A．谨慎性原则　　B．可靠性原则 C．实质重于形式原则　　D．重要性原则	☺ □　☹ □ 依据知识点：________ ________ ________
9．要求会计人员公私分明、不贪不占、遵纪守法、清正廉洁的会计职业道德是（　　）。 A．爱岗敬业　　B．诚实守信 C．廉洁自律　　D．客观公正	☺ □　☹ □ 依据知识点：________ ________ ________
10．要求会计人员在做好本职工作的同时，努力钻研相关业务、全面熟悉本单位经营活动和业务流程、主动提出合理化建议，协助领导决策、积极参与管理的会计职业道德是（　　）。 A．坚持准则　　B．提高技能 C．参与管理　　D．强化服务	☺ □　☹ □ 依据知识点：________ ________ ________

训 练	评价与反思
11．本月办公楼租金为100万元，用银行存款支付其中的10万元，剩余90万元未付。分别按照权责发生制和收付实现制来确认费用，则在这两种确认方法下，确认的费用分别为（ ）。 A．10万元、100万元 B．100万元、0元 C．100万元、90万元 D．100万元、10万元	☺ □ ☹ □ 依据知识点：________ ________ ________
三、多项选择题 1．根据会计所服务的会计主体宗旨的不同，会计可以划分为（ ）。 A．营利组织会计 B．管理会计 C．政府和非营利组织会计 D．财务会计	☺ □ ☹ □ 依据知识点：________ ________ ________
2．目前，企业单位可以选择的国家统一会计制度有（ ）。 A．《小企业会计制度》 B．《企业会计准则》 C．《企业会计制度》 D．《小企业会计准则》	☺ □ ☹ □ 依据知识点：________ ________ ________
3．会计计量属性有（ ）。 A．历史成本 B．重置成本 C．现值 D．公允价值	☺ □ ☹ □ 依据知识点：________ ________ ________
4．可比性会计信息质量要求的含义包括（ ）。 A．同一企业不同时期可比 B．同一企业的收入和费用可比 C．不同企业相同会计期间可比 D．不同企业不同会计期间可比	☺ □ ☹ □ 依据知识点：________ ________ ________

训　练	评价与反思
5．关于财务会计的描述正确的有（　　）。 A．主要侧重于向企业内、外部会计信息使用者提供有关企业财务状况、经营成果和现金流量情况等信息 B．反映的信息都是过去的交易或事项形成的 C．报告的主要是企业内部管理者 D．提供的信息更重视对未来情况的预期	☺ □　☹ □ 依据知识点：______ ______ ______
6．根据权责发生制原则，下列选项中应当在当年 6 月份确认为收入或费用的事项有（　　）。 A．收取当年 5 月份销售产品的货款 B．6 月份销售产品当月收款 C．6 月份销售产品于 7 月份收到货款 D．预收 7 月份销售产品的订金	☺ □　☹ □ 依据知识点：______ ______ ______
7．根据有关规定，关于会计机构和会计人员设置的做法正确的是（　　）。 A．可以设置单独的会计机构 B．可以在有关机构中设置会计人员并指定会计主管人员 C．不具备设置条件的，可以委托经批准设立从事代理记账业务的中介机构代理记账 D．无论会计业务规模如何，均需要设置独立的会计机构	☺ □　☹ □ 依据知识点：______ ______ ______ ______
四、判断题 1．会计是只能以货币为计量单位，反映和监督一个单位经济活动的一种经济管理工作。（　）	☺ □　☹ □ 依据知识点：______ ______ ______
2．会计按其报告对象不同，有财务会计和管理会计之分。（　）	☺ □　☹ □ 依据知识点：______ ______

训　　练	评价与反思
3. 财务会计主要侧重于通过确认、计量、记录和报告等工作向企业内、外部会计信息使用者提供企业过去的交易和事项形成的财务状况、经营成果与现金流量信息。（　）	☺ □　☹ □ 依据知识点：________ ________________
4. 权责发生制和收付实现制用以确定收入、费用的确认、计量和报告时间。（　）	☺ □　☹ □ 依据知识点：________ ________________
5. 收付实现制是以收入和费用的发生时间为基础来确定经济业务的确认、计量与报告时间的。（　）	☺ □　☹ □ 依据知识点：________ ________________
6. 《小企业会计准则》规定：企业会计的确认、计量和报告应当以权责发生制为基础。（　）	☺ □　☹ □ 依据知识点：________ ________________
7. 会计信息质量要求中的可理解性要求应当以实际发生的交易或事项为依据进行确认、计量和报告，如实反映各项会计要素及其他相关信息。（　）	☺ □　☹ □ 依据知识点：________ ________________
8. 会计信息应与使用者的决策需要相关，是相关性会计信息质量要求的内容。（　）	☺ □　☹ □ 依据知识点：________ ________________
9. 重要性原则要求企业应当按照交易或事项的经济实质进行会计确认、计量和报告，不仅仅以交易或事项的法律形式为依据。（　）	☺ □　☹ □ 依据知识点：________ ________________

实践训练

训　　练	评价与反思
王闽强、吴东革两人中专毕业后，经过一年见习，萌生了创业的想法，并得到了他们父母的支持。两人共筹资 20 万元，创建了一家专门生产饲料产品的小企业。其中，王闽强出资 12 万元，吴东革出资 8 万元。该企业采用有限责任公司形式，定名为强东有限责任公司。公司已向主管税务机关申请认定为一般纳税人，公司符合认定为一般纳税人的条件。公司在市郊租用一间厂房，已预付一年租金，共 4 万元。 申办公司时，股东已决定聘请你为公司会计，但由于你暂时没有到岗，公司申办过程中的出资、验资、注册等事项，以及各项采购事项均由两位股东自行完成。**要求**：现你已到岗，请根据上述资料完成以下工作。	
1．根据公司的情况，为公司选择会计制度。有哪些会计制度可选择？最适合公司的是哪一种？说明原因。 ____________________ ____________________ ____________________	☺ □　　☹ □ **处理依据**：________ （示例：企业会计制度种类及其适用） ________
2．将以何种态度开始你的会计岗位工作？ ____________________ ____________________ ____________________	☺ □　　☹ □ **处理依据**：________ （示例：会计职业道德相关准则）

模块二

货币资金核算能力训练

在线测试

认知、思辨和职业判断训练

训　练	评价与反思
一、简答题 1．简述银行存款账户的类别，以及各类存款账户的使用要求。 ____ ____ ____ ____	知识点作用：
2．简述银行结算的概念，列举银行结算方式的种类。 ____ ____ ____ ____ ____	知识点作用：

训　　练	评价与反思
3．概述支票的种类和使用要求，按付款方和收款方分别说明支票的使用流程。 ________ ________ ________ ________ ________	知识点作用：
4．概述银行汇票的使用要求，按收款方和付款方分别说明银行汇票的使用流程。 ________ ________ ________ ________ ________	知识点作用：
5．简述企业中现金的使用范围。 ________ ________ ________ ________	知识点作用：
二、单项选择题 1．根据有关规定，下列情形中做法正确的是（　　）。 A．由出纳人员兼任会计档案保管工作 B．由出纳人员保管签发支票所需全部印章 C．由出纳人员兼任收入总账和明细账的登记工作 D．由出纳人员兼任固定资产明细账及总账的登记工作	☺□　☹□ 依据知识点：________ ________ ________ ________

训　　练	评价与反思
2. 下列情况中，不能直接使用现金结算的是（　　）。 A. 向供货单位支付的 12 000 元货款 B. 职工的工资、津贴 C. 向个人收购农副产品的价款 D. 单位间结算起点以下的零星开支	☺ □　☹ □ 依据知识点：________ ________________
3. 清查现金的基本方法是（　　）。 A. 定期抽查　　B. 不定期抽查 C. 实地盘点　　D. 核对账目	☺ □　☹ □ 依据知识点：________ ________________
4. 企业现金发生长款，已确认无法查明原因。对此，会计人员应当（　　）。 A. 不做账务处理，继续查找原因 B. 报请批准转作营业外收入 C. 报请批准抵减营业外支出 D. 报请批准抵减现金存款	☺ □　☹ □ 依据知识点：________ ________________ ________________
5. 现金日记账应做到日清日结，当日清结时发现现金短缺，应首先记入（　　）科目。 A. 管理费用　　B. 其他应收款 C. 待处理财产损溢　　D. 营业外支出	☺ □　☹ □ 依据知识点：________ ________________
6. 库存现金日记账和银行存款日记账必须采用（　　）账簿。 A. 订本式　　B. 活页式 C. 数量金额式　　D. 多栏式	☺ □　☹ □ 依据知识点：________ ________________
7. 企业应设置现金日记账，由（　　）按照经济业务发生的先后顺序逐日逐笔登记。 A. 主管人员　　B. 出纳人员 C. 会计人员　　D. 经办人员	☺ □　☹ □ 依据知识点：________ ________________

训　　练	评价与反思
8. 根据有关规定，企业的工资、奖金等现金的支取，只能通过（　　）办理。 A. 基本存款账户　B. 一般存款账户 C. 临时存款账户　D. 专用存款账户	☺ □　☹ □ 依据知识点：________ ________ ________
9. 一般情况下，企业不能从现金收入中直接支付现金，因特殊情况需要坐支现金的，应当事先报经（　　）审查批准。 A. 上级主管　B. 税务机关 C. 开户银行　D. 工商行政管理部门	☺ □　☹ □ 依据知识点：________ ________
10. 执行《小企业会计准则》的单位，属于“其他货币资金”科目核算内容的是（　　）。 A. 库存人民币　B. 库存外币 C. 外埠存款　D. 银行存款	☺ □　☹ □ 依据知识点：________ ________
11. 属于其他货币资金核算内容的是（　　）。 A. 银行汇票存款　B. 盈余公积 C. 职工住房公积金　D. 应收账款	☺ □　☹ □ 依据知识点：________ ________
12. 下列结算方式中，在同城和异地均可使用的结算方式是（　　）。 A. 支票　B. 银行本票 C. 委托收款　D. 汇兑	☺ □　☹ □ 依据知识点：________ ________
13. 有外币业务的小企业，应当按（　　）分别设置明细账，进行明细核算。 A. 保管部门和个人　B. 保管部门 C. 来源渠道　D. 币种	☺ □　☹ □ 依据知识点：________ ________

训　练	评价与反思
14．银行结算中，银行汇票的付款期为自出票日起（　）。 A．1个月　B．3个月 C．2个月　D．6个月	☺ □　☹ □ 依据知识点：________ ________
15．企业将款项委托开户银行汇往采购地银行，开立采购专户，应借记（　）科目。 A．其他货币资金　B．银行存款 C．物资采购　D．其他应收款	☺ □　☹ □ 依据知识点：________ ________
三、多项选择题 1．库存现金日记账登记的要求有（　　）。 A．由会计人员根据收、付款凭证登记 B．按照业务发生顺序逐笔登记 C．每日终了，应当计算当日的现金收入合计额、现金支出合计额和结余额 D．将结余额同实际库存额核对，做到账实相符	☺ □　☹ □ 依据知识点：________ ________ ________ ________
2．根据《现金管理暂行条例》的规定，下列支出可以使用现金的有（　　）。 A．支付差旅费2 000元 B．从农业生产者处收购农副产品，价值10 000元 C．购买办公用品500元 D．支付其他单位材料尾款1 500元	☺ □　☹ □ 依据知识点：________ ________ ________
3．银行对账单与企业的银行存款日记账核对时，属于未达账项的有（　　）。 A．银行已记存款增加，而企业尚未接到收款通知，尚未记账 B．银行已记存款减少，而企业尚未收到付款通知，尚未记账 C．企业已记存款增加，而银行尚未办妥入账手续 D．企业已记存款减少，而银行尚未办妥支付手续	☺ □　☹ □ 依据知识点：________ ________ ________ ________

训　练	评价与反思
4. 对实施《小企业会计准则》的企业，属于“其他货币资金”的有（　　）。 A. 银行汇票存款　B. 银行本票存款 C. 信用证保证金存款　D. 外埠存款	☺ □　☹ □ 依据知识点：________ ________
5. 在结算方式中，可用于同城结算的有（　　）。 A. 支票　B. 银行本票 C. 商业汇票　D. 委托收款	☺ □　☹ □ 依据知识点：________ ________
6. 可作为应收票据核算的有（　　）。 A. 银行本票　B. 银行汇票 C. 商业承兑汇票　D. 银行承兑汇票	☺ □　☹ □ 依据知识点：________ ________
7. 不符合我国《银行结算办法》规定的有（　　）。 A. 签发空头支票 B. 出借账户 C. 出租账户 D. 将企业现金存入个人存款户	☺ □　☹ □ 依据知识点：________ ________
8. 可作为银行存款明细账设置依据的有（　　）。 A. 开户行　B. 存款种类 C. 存款地域　D. 币种	☺ □　☹ □ 依据知识点：________ ________
9. 关于银行汇票使用，说法正确的有（　　）。 A. 可以用于转账 B. 只能用于转账 C. 填明“现金”字样的银行汇票也可以用于支取现金 D. 现金银行汇票的申请人和收款人必须均为个人	☺ □　☹ □ 依据知识点：________ ________ ________

训 练	评价与反思
四、判断题 1．一个企业只能选择一家银行的一个营业机构开立基本存款户。（ ）	☺ □ ☹ □ 依据知识点：________ ________________
2．一般存款账户可以办理现金交存，但不得办理现金支取。（ ）	☺ □ ☹ □ 依据知识点：________ ________________
3．我国的会计核算以人民币为记账本位币，因此企业的现金是指库存的人民币现金，不包括外币。（ ）	☺ □ ☹ □ 依据知识点：________ ________________
4．在进行现金核对时，库存现金实有数，包括借条、收据等在内必须与现金日记账的账面余额相符合。（ ）	☺ □ ☹ □ 依据知识点：________ ________________
5．企业在外地银行开立临时存款户的，按《小企业会计准则》规定，该临时存款户资金应通过“银行存款”科目核算。（ ）	☺ □ ☹ □ 依据知识点：________ ________________
6．银行对账应定期进行，至少每年核对一次。（ ）	☺ □ ☹ □ 依据知识点：________ ________________

训　　练	评价与反思
7．银行对账按银行账户逐个进行。（　）	☺ □　☹ □ 依据知识点：________ ________________
8．银行承兑汇票到期日，承兑银行应无条件付款。（　）	☺ □　☹ □ 依据知识点：________ ________________
9．银行汇票可办理转账结算，符合条件的也可用于支取现金。（　）	☺ □　☹ □ 依据知识点：________ ________________
10．所谓未达账项，即为错账，是指企业和银行之间由于凭证传递上的时间差，一方已登记入账，而另一方尚未入账的账项。（　）	☺ □　☹ □ 依据知识点：________ ________________
11．同城或异地的商品交易、劳务供应均可采用银行本票方式进行结算。（　）	☺ □　☹ □ 依据知识点：________ ________________
12．按有关规定，临时存款户无使用时间限制，按需要开立或取消。（　）	☺ □　☹ □ 依据知识点：________ ________________
13．采用支票结算方式，支票金额的起点为 500 元，支票付款的有效期限一般为 3 天。（　）	☺ □　☹ □ 依据知识点：________ ________________

训　练	评价与反思
14．在普通支票左上角画有两条平行线的，为划线支票。划线支票只能用于支取现金，不得转账。（ ）	☺ □ ☹ □ 依据知识点：________ ________________
15．编制银行存款余额调节表的目的是为了检查账簿记录的正确性，不需要更改账簿记录。（ ）	☺ □ ☹ □ 依据知识点：________ ________________

应用训练

训　练	评价与反思
1．6 月 30 日，丰大公司基本存款户银行存款日记账余额为 67 500 元。当日会计人员收到出纳员取回的基本存款户的银行对账单，对账单余额为 64 575 元。经核对，发现下列未达账项。 银行对账单未勾对项目如下。 （1）6 月 29 日，以委托收款方式收到货款 3 750 元。 （2）6 月 30 日，根据银企税三方协议划付税款 4 350 元。 企业银行存款日记账未勾对项目如下。 （1）6 月 30 日，企业送存银行转账支票一张，金额 4 800 元。 （2）6 月 30 日，企业开出转账支票一张，金额 2 475 元。 **要求**：根据上述资料，编制银行存款余额调节表，如图 2.1 所示。	业务类型判断： 示例：银行对账 训练结果： ☺ □ ☹ □ 收获：示例：学会了运用未达账项种类知识，判断未达账项类型，并运用银行存款余额表方法，完成银行对账处理，并分析对账结果的影响。 ________________ ________________ ________________ ________________ ________________

银行存款余额调节表

单位名称：　　　　年　　月　　日　　　　账号：

项　目	金额/元	项　目	金额/元
企业银行存款日记账余额		银行对账单余额	
加：银行已收企业未收款项		加：企业已收银行未收款项	
减：银行已付企业未付款项		减：企业已付银行未付款项	
调整后余额		调整后余额	

会计主管：　　　　复核：　　　　制表：

图 2.1

训　　练	评价与反思
2．江风公司 5 月发生以下经济业务。**要求：**请根据业务资料进行相应的账务处理。 （1）4 日，从长江工厂购入材料。货款 30 000 元，增值税税额 3 900 元。开出转账支票支付货款。材料尚未验收入库。 ______ ______ ______ （2）7 日，委托银行签发银行本票一张，面值 452 000 元，用于与华北公司的交易。 ______ ______ （3）12 日，华北公司向江风公司采购一台生产设备，价款 400 000 元，增值税税额 52 000 元。款项以前述本票支付。 ______ ______ ______ （4）12 日，销售 A 产品 100 套给皇明公司。售价 50 000 元，增值税税额 6 500 元。收到面值 60 000 元的银行汇票，并已办妥手续，送存银行。（另请说明收到银行汇票的办理手续。） ______ ______ ______ ______ ______ ______ ______	**业务类型判断：** 示例：银行结算核算 **训练结果：** ☺ □　　☹ □ **收获：**示例：尝试运用银行结算方式及其核算知识，判断银行结算业务种类，选择适当的核算方式，正确使用“银行存款”“其他货币资金”等会计科目，以及金额计算方法对银行结算业务进行确认和计量。 建议学会用以下方式描述：运用××知识点，判断相关业务为××业务种类，使用××科目（或者××方法、××形式），进行了××业务的确认、计量（或报表编制、计量处理等）。同一练习涉及不同业务类型的，建议分项写明收获。 ______ ______ ______ ______ ______ ______

训　练	评价与反思
（5）16 日，委托银行电汇 80 000 元至在外地银行开设的采购专用临时存款户，以备购料。	
（6）18 日，从某钢铁厂采购槽钢材料一批，价款 70 000 元，增值税税额 9 100 元。材料未验收入库，货款通过临时存款户付讫。	
（7）20 日，收到银行通知。通知表明，应公司要求，公司在某地的临时存款户已做销户处理，余款 220 元已转回基本存款账户。	
（8）20 日，接到委托收款凭证的付款通知联，系黄河工厂通过委托收款方式催收上月货款 30 000 元。经核对款项无误，公司同意支付，已通知银行承付。	
（9）22 日，销售 20 套 A 产品给靖康公司，售价 10 000 元，增值税税额 1 300 元。发货后已在银行办理了委托收款。	

训　　练	评价与反思
（10）24日，收到委托收款收账通知，靖康公司全部销货款收清。	
（11）25日，收到大众电器公司转账支票，金额44 600元，用于偿还其前欠货款。当即填制进账单解交银行。	

实践训练

1．根据原始凭证（见图2.2和图2.3）进行业务账务处理，填写图2.4和图2.5。

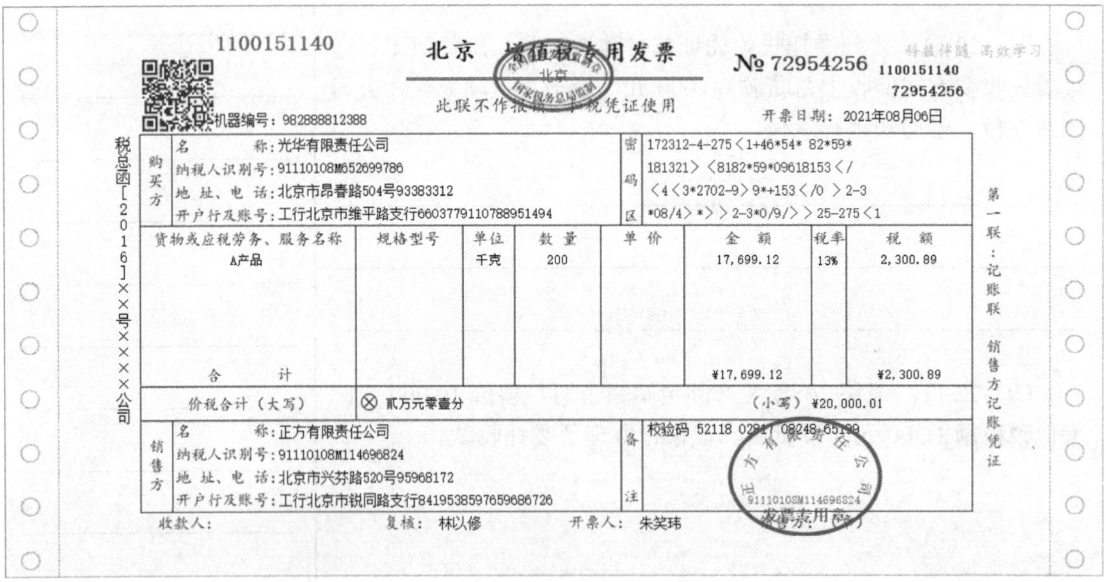
1100151140

北京　增值税专用发票

№ 72954256　1100151140　72954256

此联不作报销、扣税凭证使用

机器编号：982888812388　　开票日期：2021年08月06日

税总函［2016］××号×××公司

购买方	名　　称：光华有限责任公司 纳税人识别号：91110108M652699786 地 址、电 话：北京市昂春路504号93383312 开户行及账号：工行北京市维平路支行6603779110788951494				密码区	172312-4-275<1+46*54* 82*59* 181321><8182*59*09618153</ <4<3*2702-9>9*+153</0 >2-3 *08/4>*>>2-3*0/9/>>25-275<1	
货物或应税劳务、服务名称	规格型号	单位	数量	单价	金额	税率	税额
A产品		千克	200		17,699.12	13%	2,300.89
合　　计					¥17,699.12		¥2,300.89
价税合计（大写）	⊗ 贰万元零壹分				（小写）¥20,000.01		
销售方	名　　称：正方有限责任公司 纳税人识别号：91110108M114696824 地 址、电 话：北京市兴芬路520号95968172 开户行及账号：工行北京市锐同路支行8419538597659686726				备注	校验码 52118 02817 08248 65199	

收款人：　　复核：林以修　　开票人：朱笑玮　　销售方：（章）

第一联：记账联　销售方记账凭证

图2.2

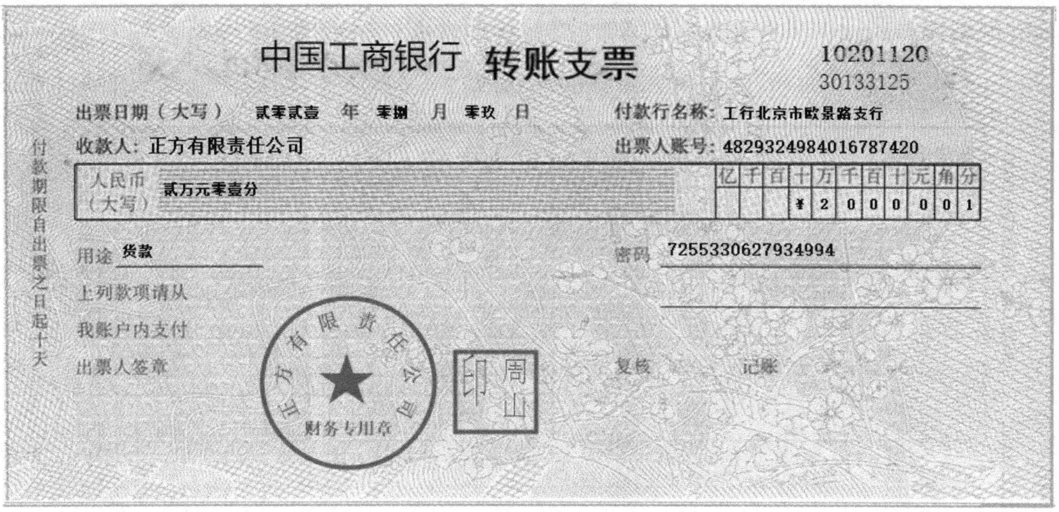
中国工商银行　转账支票　10201120 30133125

付款期限自出票之日起十天

出票日期（大写）　贰零贰壹　年　零捌　月　零玖　日　付款行名称：工行北京市欧景路支行

收款人：正方有限责任公司　出票人账号：4829324984016787420

人民币（大写）	贰万元零壹分	亿	千	百	十	万	千	百	十	元	角	分
					¥	2	0	0	0	0	0	1

用途 货款　密码 7255330627934994

上列款项请从

我账户内支付

出票人签章　复核　记账

图 2.3

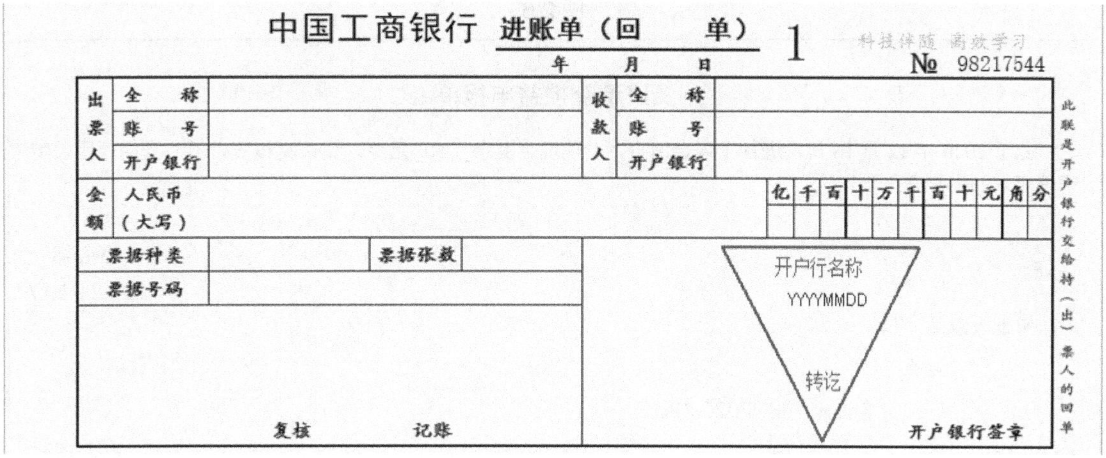
中国工商银行　进账单（回　单）　1

年　月　日　№ 98217544

出票人	全称		收款人	全称	
	账号			账号	
	开户银行			开户银行	
金额	人民币（大写）			亿 千 百 十 万 千 百 十 元 角 分	
票据种类		票据张数			
票据号码					
	复核　记账			开户银行签章	

此联是开户银行交给持（出）票人的回单

图 2.4

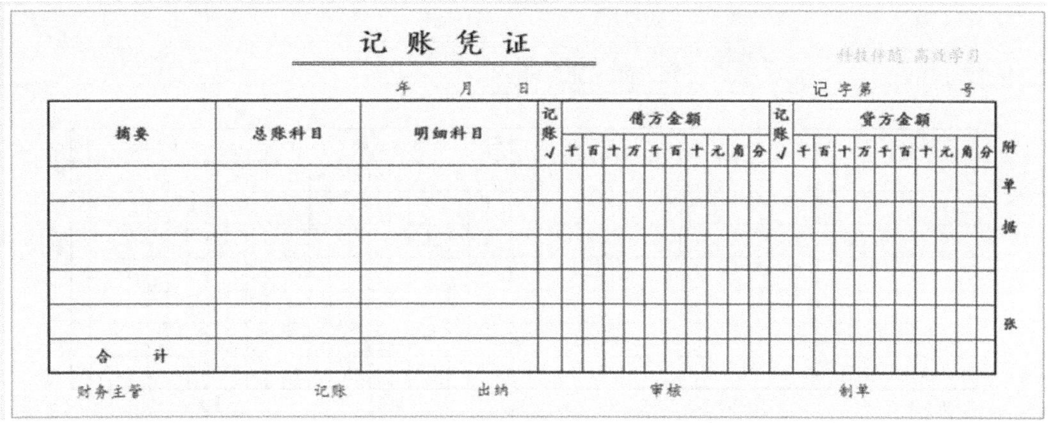
记 账 凭 证

年　月　日　记字第　号

摘要	总账科目	明细科目	记账√	借方金额 千	百	十	万	千	百	十	元	角	分	记账√	贷方金额 千	百	十	万	千	百	十	元	角	分
合　计																								

附单据　张

财务主管　记账　出纳　审核　制单

图 2.5

2．根据原始凭证（见图 2.6 和图 2.7）进行账务处理，填写图 2.8 和图 2.9。

库存现金盘点报告单

单位名称：正方有限责任公司　　　　日期：2020 年 12 月 16 日

账面金额	实存金额	清查结果		备注
		长款	短款	
3,550.00	3,595.00	45.00		
现金使用情况	无其他违反现金管理规定事项			
处理决定				

记账联

会计主管：高凯心　　　　盘点人员签字：　　　　出纳人员签字：罗兰

图 2.6

资产清查损益申报单

兹于 2020 年 12 月 16 日，进行了现金清查，发现现金溢余 45 元整，经认真核查，没有查明原因。特申请作为当期损益处理。

财务部

2020.12.17

审批人意见

同意

高凯心　　2020.12.17

图 2.7

记 账 凭 证

年　月　日　　　　记字第　　号

摘要	总账科目	明细科目	记账√	借方金额										记账√	贷方金额									
				千	百	十	万	千	百	十	元	角	分		千	百	十	万	千	百	十	元	角	分
合　计																								

附单据　张

财务主管　　记账　　出纳　　审核　　制单

图 2.8

记账凭证

年　　月　　日　　　　　　　　　　　　　　　　记 字第　　　　号

摘要	总账科目	明细科目	记账√	借方金额										记账√	贷方金额									
				千	百	十	万	千	百	十	元	角	分		千	百	十	万	千	百	十	元	角	分
合　计																								

附单据　　张

财务主管　　　　记账　　　　出纳　　　　审核　　　　制单

图 2.9

模块三

应收及预付款核算能力训练

在线测试

认知、思辨和职业判断训练

训　　练	评价与反思
一、简答题 1．简述应收款项的内容，并比较应收账款、应收票据、预收账款三者核算内容的异同。	知识点作用：
2．简述商业汇票的使用范围、商业汇票的种类，并分别按收款方和付款方说明使用流程。	知识点作用：

训　练	评价与反思
3．简述其他应收款的核算内容。 ____________________ ____________________ ____________________	知识点作用：
二、单项选择题 1．应收票据在取得时的入账价值应为（　　）。 A．票据面值　B．票据到期价值 C．票据面值加应计利息　D．预付账款	☺ □　☹ □ 依据知识点：________ ____________________ ____________________
2．企业的存出保证金应借记（　　）科目。 A．应收账款　B．其他应付款 C．其他应收款　D．预付账款	☺ □　☹ □ 依据知识点：________ ____________________
3．按《小企业会计准则》规定，预付货款不多的企业，可以将预付的货款直接记入（　　）的借方，而不单独设置“预付账款”科目。 A．“应收账款”科目　B．“其他应收款”科目 C．“应付账款”科目　D．“应收票据”科目	☺ □　☹ □ 依据知识点：________ ____________________
4．甲企业向乙企业赊销商品，售价为600 000元，增值税税额为78 000元，现金折扣条件为“3/10，2/20，n/30”（按价款计）；甲企业销售商品时代乙企业垫付运输款 1 000 元。那么，甲企业应收账款入账余额为（　　）元。 A．678 000　B．679 000 C．600 000　D．661 000	☺ □　☹ □ 依据知识点：________ ____________________ ____________________
5．甲公司采用委托收款结算方式向乙企业销售商品500件。甲公司为了促销，规定凡购货500件（包括500件）以上，给予顾客5%的价格折扣。商品原定价为400元/件，增值税税率为13%。那么，甲公司应确认的应收账款为（　　）元。 A．226 000　B．216 000 C．214 700　D．234 450	☺ □　☹ □ 依据知识点：________ ____________________ ____________________

训　　练	评价与反思
6．某企业有一张 2 月 28 日签发、期限为 3 个月的商业汇票。该商业汇票的到期日为（　　）。 A．5 月 28 日　　B．5 月 29 日 C．5 月 30 日　　D．5 月 31 日	☺ □　☹ □ 依据知识点：________ ________
7．持有的一张到期的商业承兑汇票无法兑付，应（　　）。 A．继续作为应收票据核算　　B．转作应收账款核算 C．转为短期借款核算　　D．计入营业外支出	☺ □　☹ □ 依据知识点：________ ________
8．一笔 100 000 元的赊销款，规定的现金折扣条件为“2/10，1/20，n/30”。假如客户于 10 天内付款，则影响当期财务费用的数额为（　　）元。 A．2 000　　B．1 000 C．99 000　　D．98 000	☺ □　☹ □ 依据知识点：________ ________
9．企业销货时，不可能计入应收账款金额的是（　　）。 A．现金折扣　　B．增值税额 C．代垫运费　　D．商业折扣	☺ □　☹ □ 依据知识点：________ ________
10．执行《小企业会计准则》的单位，坏账损失应采用的核算方法是（　　）。 A．备抵法　　B．实地盘点法 C．直接转销法　　D．永续盘存法	☺ □　☹ □ 依据知识点：________ ________
11．在我国会计实务中，应收票据核算的是企业持有的（　　）。 A．银行汇票　　B．银行本票 C．支票　　D．商业汇票	☺ □　☹ □ 依据知识点：________ ________

训　　练	评价与反思
三、多项选择题 1．按现行准则规定，不能用“应收票据”科目和“应付票据”科目核算的票据包括（　　　）。 A．银行汇票　　B．银行承兑汇票 C．银行本票　　D．商业承兑汇票	☺ □　☹ □ 依据知识点：______ ______ ______
2．按《小企业会计准则》规定，应通过“其他应收款”科目核算的有（　　　）。 A．拨付给企业内部单位的备用金 B．应收的各种罚款 C．收取的各种押金 D．应向职工收取的各种垫付款项	☺ □　☹ □ 依据知识点：______ ______ ______
3．按《小企业会计准则》规定，关于“预付账款”科目，说法正确的有（　　　）。 A．该科目借方余额反映企业向供货单位预付的货款 B．预付货款不多的企业，可以不单独设置“预付账款”科目，将预付的货款记入“应付账款”科目的借方 C．“预付账款”科目按预付款单位开设明细账 D．“预付账款”科目的贷方余额反映的是应补付供货单位的款项	☺ □　☹ □ 依据知识点：______ ______ ______ ______
4．企业应收款出现（　　　）情况时，应确认为坏账。 A．债务人依法宣告破产，被撤销，其清算财产不足清偿的 B．债务人死亡，其财产或遗产不足清偿的 C．债务人逾期3年以上未清偿，且有确凿证据证明已无力清偿债务的 D．因自然灾害等不可抗力导致应收款项无法收回的	☺ □　☹ □ 依据知识点：______ ______ ______
5．下列应收、暂付款项中，应通过“其他应收款”科目核算的有（　　　）。 A．应向购货方收取的代垫包装费 B．支付的各类押金 C．应向职工收取的各种垫付款项 D．支付给职工的出差借款	☺ □　☹ □ 依据知识点：______ ______ ______

训　　练	评价与反思
6．构成应收账款入账价值的有（　　　　）。 A．确认商品销售收入时尚未收到的价款 B．代购货方垫付的包装费 C．代购货方垫付的运输款 D．销售货物发生的商业折扣	☺ □　☹ □ 依据知识点：________ ________________
7．下列影响商业汇票贴现金额的项目有（　　　　）。 A．商业汇票的票面金额 B．贴现利率 C．票据承兑日期到贴现日的天数 D．票据贴现日期到票据到期日的天数	☺ □　☹ □ 依据知识点：________ ________________
8．一笔赊销款规定的现金折扣条件为“2/10，1/20，n/30”。其含义是（　　　　）。 A．10天内付款给予2%折扣 B．第11~20天内付款给予1%折扣 C．第21~30天内付款，不给予折扣 D．付款期限为30天	☺ □　☹ □ 依据知识点：________ ________________ ________________
四、判断题 1．按《小企业会计准则》规定，小企业有内部周转使用备用金的，可以单独设置“备用金”科目。（　）	☺ □　☹ □ 依据知识点：________ ________________
2．销货时，销货企业在向客户提供现金折扣的情况下，应按销售总价减去预计的现金折扣后的价格确认应收账款的入账价值。（　）	☺ □　☹ □ 依据知识点：________ ________________
3．对执行《小企业会计准则》的单位而言，当发生符合坏账损失确认条件的情况时，应确认坏账损失，计入营业外支出。（　）	☺ □　☹ □ 依据知识点：________ ________________

训　练	评价与反思
4．预付账款属于债权，其债权的收回方式通常为取得合同规定的货物。（　）	☺ □　☹ □ 依据知识点：________ ________ ________
5．企业收到应收票据时，应按票据的票面金额入账。（　）	☺ □　☹ □ 依据知识点：________ ________ ________
6．按《小企业会计准则》的规定，预付货款不多的企业，预付货款可以在“应付账款”科目核算。因此，预付货款应作为企业的一项负债。（　）	☺ □　☹ □ 依据知识点：________ ________ ________
7．持有的商业承兑汇票到期，因承兑人的银行余额不足以支付时，持票人应将本息一并转入“应收账款”科目。（　）	☺ □　☹ □ 依据知识点：________ ________ ________
8．“应收账款”科目核算企业因销售产品、材料、提供劳务、职工借款等业务，应向购货单位或本单位职工个人收取的款项。（　）	☺ □　☹ □ 依据知识点：________ ________ ________

应用训练

<table>
<tr><th>训　　练</th><th>评价与反思</th></tr>
<tr><td>
1．世齐公司执行《小企业会计准则》。10月份世齐公司发生以下销售商品的交易或事项。要求：根据业务描述进行相关账务处理。
（1）4日，向吉实公司销售A商品1 000件，单价100元，增值税税率13%。价税款未收到，商品已发出。
______
______
______
（2）18日，向鹏景公司支付材料订金80 000元。
______
______
______
（3）22日，开出支票，向某公司支付借用盛具押金1 000元。
______
______
（4）26日，向牛富公司销售B商品。价款为50 000元，增值税税额为 6 500 元。款尚未收到。销售合同约定的信用条件是“3/10，1/20，n/30”。折扣基数为价款。
______
______
（5）30日，与客户对账时，发现边寒公司已经破产清算，其原欠本公司货款尾款340元已经无法收回。
______
______
</td><td>
业务类型判断：
______
训练结果：
☺ □　　☹ □
收获：______
______
______
______
______
______
______
______
______
______
______
______
______
______
______
______
</td></tr>
</table>

训　　练	评价与反思
（6）30 日，与爵达公司签订购销合同。按合同约定，本公司即向爵达公司支付按期供货保证金 40 000 元，如果本公司如期供货，则该保证金爵达公司将予退还，否则爵达公司将没收该保证金。 ______ ______ （7）30 日，从景鹏公司订购的材料到达企业并验收入库，材料价款 90 000 元，增值税税额 11 700 元。余款未付。 ______ ______ （8）30 日，牛富公司前欠货款到账。 ______ ______	______ ______ ______ ______ ______ ______ ______ ______ ______ ______ ______ ______ ______
2．万锦公司发生以下商业汇票交易或事项。**要求**：根据资料做账务处理。 （1）5 月 1 日，向 A 公司销售产品一批，价款 80 000 元，增值税税额 10 400 元。收到 A 公司承兑的无息商业承兑汇票一张，金额共计 90 400 元。票据承兑日期为 5 月 1 日，汇票期限 3 个月。 ______ ______ ______ （2）5 月 5 日，向 B 公司赊销商品。价款为 100 000 元，增值税税额为 13 000 元。商品已发出。 ______ ______	业务类型判断： ______ 训练结果： ☺ □　　☹ □ 收获：______ ______ ______ ______ ______ ______ ______

训　　练	评价与反思
（3）5 月 7 日，B 公司按合同规定用银行承兑汇票一张抵付所欠账款 113 000 元。	
（4）5 月 30 日，公司持有的一张 C 公司的商业承兑汇票到期，面值 100 000 元。票款已通过银行收回。	
（5）5 月 30 日，公司将持有的一张 D 公司的银行承兑汇票贴现。银行承兑汇票为无息汇票，票面金额 30 000 元。根据贴现凭证，贴现息为 1 397 元。	
（6）8 月 1 日，A 公司承兑的商业汇票到期，委托银行付款，银行反馈 A 公司账户余额不足以支付票款。	
（7）8 月 8 日，公司申请一张期限为 3 个月的银行承兑汇票。银行承兑汇票已经办妥，银行承兑汇票手续费 50 元。广发汇票交付给楷模公司用于采购材料。材料已验收入库，价款 50 000 元，增值税税额 6 500 元。	

训　　练	评价与反思
（8）11 月 8 日，收到银行通知，楷模公司银行承兑汇票到期，票款已支付。 ________________ ________________ ________________ ________________ ________________	________ ________ ________ ________ ________ ________

实践训练

根据商业承兑汇票复印件（略）、银行业务（见图 3.1）进行正方公司的账务处理（凭证见图 3.2）。

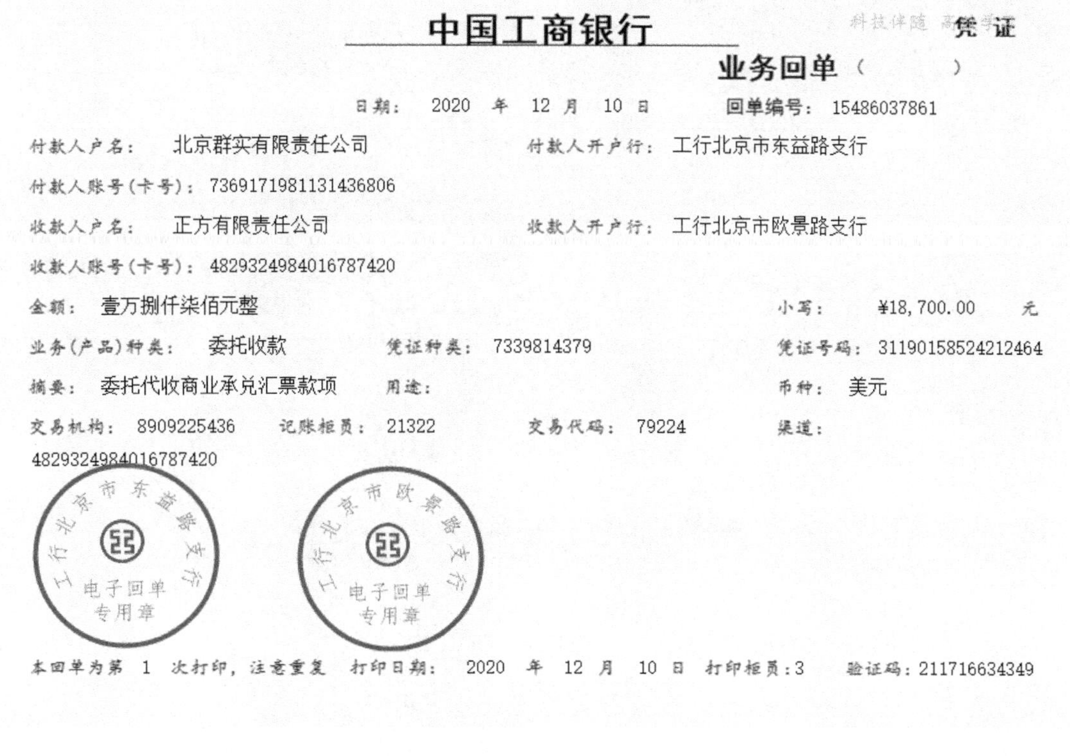

中国工商银行　　凭证

业务回单（　　　）

日期：　2020　年　12　月　10　日　　　回单编号：　15486037861

付款人户名：　北京群实有限责任公司　　　付款人开户行：　工行北京市东益路支行

付款人账号(卡号)：7369171981131436806

收款人户名：　正方有限责任公司　　　收款人开户行：　工行北京市欧景路支行

收款人账号(卡号)：4829324984016787420

金额：　壹万捌仟柒佰元整　　　小写：　¥18,700.00　元

业务(产品)种类：　委托收款　　凭证种类：　7339814379　　凭证号码：　31190158524212464

摘要：　委托代收商业承兑汇票款项　　用途：　　币种：　美元

交易机构：　8909225436　　记账柜员：　21322　　交易代码：　79224　　渠道：

4829324984016787420

本回单为第　1　次打印，注意重复　打印日期：　2020　年　12　月　10　日　打印柜员：3　　验证码：211716634349

图 3.1

科技伴随 高效学习

记 账 凭 证

年　　月　　日　　　　　　　　　　　　记 字第　　　号

摘要	总账科目	明细科目	记账√	借方金额										记账√	贷方金额									
				千	百	十	万	千	百	十	元	角	分		千	百	十	万	千	百	十	元	角	分
合　计																								

附单据　张

财务主管　　　　记账　　　　出纳　　　　审核　　　　制单

图 3.2

模块四 存货核算能力训练

在线测试

认知、思辨和职业判断训练

训　练	评价与反思
一、简答题 1．简述存货的定义、存货的种类，以及原材料、周转材料、库存商品的定义。	知识点作用：
2．比较定期实地盘存制和永续盘存制。	知识点作用：

训　练	评价与反思
3．列举《小企业会计准则》规定的存货发出计价方法。 ______ ______ ______	知识点作用：
4．列举各类存货取得成本的构成内容。 ______ ______ ______ ______ ______	知识点作用：
5．简述存货暂估入库业务的处理流程。 ______ ______ ______	知识点作用：
二、单项选择题 1．在物价持续上涨的情况下，下列存货发出计价方法中，能使企业计算出来的当期利润最大的计价方法是（　　）。 A．后进先出法　　B．加权平均法 C．先进先出法　　D．个别计价法	☺ □　☹ □ 依据知识点：______ ______ ______
2．各项支出中，不计入存货成本的是（　　）。 A．可以抵扣的增值税进项税额 B．入库前的挑选整理费 C．购买存货发生的运输费 D．进口材料应负担的进口关税	☺ □　☹ □ 依据知识点：______ ______

训　　练	评价与反思
3．存货发出成本的计价方法中，成本计算最准确，且又与存货流动实际情况最相符的是（　　）。 A．先进先出法　　B．移动平均法 C．全月一次加权平均法　　D．个别计价法	☺ □　☹ □ 依据知识点：________ ________________
4．通过盘点先确定期末结存存货的数量，然后推算出本期发出存货的数量，这种制度称为（　　）。 A．永续盘存制　　B．实地盘存制 C．权责发生制　　D．收付实现制	☺ □　☹ □ 依据知识点：________ ________________
5．在材料收入的核算中，企业需要在月末暂估入账，并于下月初红字冲回的是（　　）。 A．月末购货发票已到，货款已付且已入库的材料 B．月末购货发票已到，货款未付但已入库的材料 C．月末购货发票未到，货款未付但已入库的材料 D．月末购货发票未到，货款已付但未入库的材料	☺ □　☹ □ 依据知识点：________ ________________ ________________
6．某工业企业（一般纳税人）从外地购进原材料一批。取得的增值税专用发票上注明价款 30 000 元，增值税税额 3 900 元；另外支付运费 1 500 元，增值税税额 135 元。那么，该批材料的采购成本为（　　）元。 A．30 000　　B．31 500 C．35 100　　D．36 600	☺ □　☹ □ 依据知识点：________ ________________ ________________
7．材料采购途中的合理损耗应（　　）。 A．计入材料采购成本　　B．计入管理费用 C．计入销售费用　　D．由责任人赔偿	☺ □　☹ □ 依据知识点：________ ________________
8．某企业月初库存甲产品 300 件，每件 100 元。本月购进两批产品，一次购进 540 件，每件 120 元；另一次购进 460 件，每件 115 元。月末 A 产品的加权平均单价为（　　）元。 A．111.67　　B．113.62 C．110.2　　D．121.1	☺ □　☹ □ 依据知识点：________ ________________

训　练	评价与反思
9．通常只做备查登记，不核算其成本的包装物是（　　）。 A．用于包装产品的包装物 B．形成产品组成部分的包装物 C．出租给外单位的包装物 D．单独出售给外单位的包装物	☺ □　☹ □ 依据知识点：________ ____________
10．随同产品出售不单独计价的包装物价值应计入（　　）。 A．销售费用　B．其他业务成本 C．管理费用　D．生产成本	☺ □　☹ □ 依据知识点：________ ____________
11．按《小企业会计准则》规定，企业出租包装物时，其成本应（　　）。 A．计入销售费用　B．不做处理，只做备查登记 C．计入管理费用　D．计入生产成本	☺ □　☹ □ 依据知识点：________ ____________
12．增值税一般纳税人委托其他单位加工产品取得增值税专用发票上的增值税（　　）。 A．应计入委托加工物资成本 B．应计入管理费用 C．应计入增值税进项税额 D．应计入生产成本	☺ □　☹ □ 依据知识点：________ ____________ ____________
13．在存货清查中，对于发现的毁损物资的净损失，应计入（　　）。 A．营业外支出　B．管理费用 C．营业外收入　D．销售费用	☺ □　☹ □ 依据知识点：________ ____________
14．某企业委托外单位加工物资，收回后用于连续生产。发出材料的实际成本 8 000 元，支付的加工费 2 000 元，增值税税额 260 元，往返运费 1 000 元（取得增值税普通发票），受托方代收消费税 800 元。材料加工完毕，收回的剩余残料价值 200 元，则委托加工物资入账价值为（　　）元。 A．12 140　B．11 600 C．11 000　D．10 800	☺ □　☹ □ 依据知识点：________ ____________ ____________

训　练	评价与反思
三、多项选择题 1. 以下各项物品中，不属于存货范围的有（　　）。 A. 农业生产企业存栏生猪 B. 工业企业为某建筑建设工程购入的水泥 C. 商业企业购销合同中约定的即将购入的商品 D. 委托其他企业代销的商品	☺ □　☹ □ 依据知识点：______
2. 小企业原材料按实际成本计价，可选择的计价方法有（　　）。 A. 先进先出法　　B. 全月一次加权平均法 C. 个别计价法　　D. 移动平均法	☺ □　☹ □ 依据知识点：______
3. 对增值税一般纳税人而言，不应计入外购存货的采购成本的有（　　）。 A. 购入存货支付的增值税（取得专用发票） B. 购入存货应支付的关税 C. 入库前的整理挑选费用 D. 采购人员的差旅费	☺ □　☹ □ 依据知识点：______
4.（　　）费用应计入采购成本。 A. 关税　　B. 采购过程中的合理损耗 C. 入库前的整理挑选费用　　D. 增值税进项税额	☺ □　☹ □ 依据知识点：______
5. 企业购进一批材料，发票和结算凭证均未收到，材料已验收入库，则各阶段应做处理正确的有（　　）。 A. 材料验收入库时暂不进行账务处理 B. 月末仍未收到发票应按暂估价入账 C. 下月初用红字冲回暂估入账业务 D. 收到发票和结算凭证时按正常购进进行账务处理	☺ □　☹ □ 依据知识点：______

训　练	评价与反思
6．低值易耗品的摊销方法有（　　　　）。 A．成本法　　B．一次摊销法 C．分次（分期）摊销法　　D．权益法	☺ □　☹ □ 依据知识点：________ ________
7．存货采用实际成本计价核算时，需要使用的科目有（　　　　）。 A．材料采购　　B．原材料 C．材料成本差异　　D．在途物资	☺ □　☹ □ 依据知识点：________ ________
8．企业的周转材料是指能够多次使用，逐渐转移其价值但仍保持其原有形态且不确认为固定资产的材料，包括（　　　　）。 A．包装物 B．低值易耗品 C．小企业（建筑业）的钢模板 D．脚手架	☺ □　☹ □ 依据知识点：________ ________ ________
9．按《小企业会计准则》规定，应记入“销售费用”科目的业务有（　　　　）。 A．领用随产品出售单独计价包装物的成本 B．随产品出售不单独计价包装物的成本 C．商业企业购进商品支付的运输费 D．由本企业负担的销售产品的运输费用	☺ □　☹ □ 依据知识点：________ ________ ________
10．存货发生毁损，经批准后处理时有可能涉及的科目有（　　　　） A．销售费用　　B．其他应收款 C．营业外收入　　D．营业外支出	☺ □　☹ □ 依据知识点：________ ________
11．按《小企业会计准则》规定，取得的经济利益应计入营业外收入的有（　　　　）。 A．出租包装物的租金收入 B．出租包装物收到的押金 C．没收逾期未退还出租包装物的押金 D．没收逾期未退还出借包装物的押金	☺ □　☹ □ 依据知识点：________ ________ ________

训 练	评价与反思
四、判断题 1．企业发出存货如果采用先进先出法计价，则在物价上涨时，会使库存存货的价值接近市场价格。（ ）	☺ □ ☹ □ 依据知识点：________
2．“在途物资”科目核算实际成本法下企业外购的未到达企业或尚未验收入库的材料物资成本。（ ）	☺ □ ☹ □ 依据知识点：________
3．因管理不善造成被盗、丢失、霉烂变质的存货损失，应按该存货的成本计入营业外支出。（ ）	☺ □ ☹ □ 依据知识点：________
4．外购存货的采购成本中，应包括运输途中发生的所有损耗和相关费用。（ ）	☺ □ ☹ □ 依据知识点：________
5．增值税一般纳税人企业购进生产用材料发生的运费，取得增值税专用发票的，发票注明的增值税税额允许抵扣销项税额。（ ）	☺ □ ☹ □ 依据知识点：________
6．对凡是存放在企业的产品、材料、商品等，均应视为本企业的存货进行核算。（ ）	☺ □ ☹ □ 依据知识点：________

训　　练	评价与反思
7．企业采购材料过程中发生的采购人员差旅费、入库后发生的损耗等应计入存货的成本。（　）	☺ □　☹ □ 依据知识点：________ ________ ________
8．生产过程中领用的用于包装产品的包装物，应按包装物的实际成本计入销售费用。（　）	☺ □　☹ □ 依据知识点：________ ________ ________
9．按《小企业会计准则》规定，出借的包装物应结转其成本至“其他业务成本”科目。（　）	☺ □　☹ □ 依据知识点：________ ________ ________
10．“周转材料——低值易耗品”科目在低值易耗品采用分次摊销法时，应分别设置“在库”“在用”和“摊销”明细科目，进行明细分类核算。（　）	☺ □　☹ □ 依据知识点：________ ________ ________
11．委托加工物资收回后，直接用于销售的，其实际成本不包括应由受托方代扣代缴的消费税。（　）	☺ □　☹ □ 依据知识点：________ ________ ________

应用训练

训　练	评价与反思
1. 正泰公司为增值税一般纳税人，6 月份发生下列经济业务。**要求：**根据资料进行账务处理。 （1）5 日，从甲公司购入 A 材料 100 千克。材料已验收入库，但未收到增值税专用发票。货款未付。 ______________________ ______________________ （2）8 日，从乙公司购入 B 材料一批，价款 20 000 元，增值税税额 2 600 元。开出为期 3 个月的商业承兑汇票结算货款，商业汇票面值 22 600 元。材料已验收入库。 ______________________ ______________________ ______________________ （3）10 日，从丙公司购入 B 材料 1 000 千克，价款 30 000 元，增值税税额 3 900 元。发生外地运费 1 000 元，相关增值税税额 90 元。上述款项尚未支付，材料尚未收到。 ______________________ ______________________ ______________________ （4）15 日，从外地丙公司购买的 B 材料运达。验收入库 980 千克，短缺 20 千克，短缺部分属于运输途中合理损耗。 ______________________ ______________________ （5）20 日，10 日购入 B 材料的货款通过银行转账支付。 ______________________ ______________________	业务类型判断： ______________ 训练结果： ☺ □　　☹ □ 收获：__________ ______________ ______________ ______________ ______________ ______________ ______________ ______________ ______________ ______________ ______________ ______________ ______________ ______________ ______________ ______________ ______________

训　　练	评价与反思
（6）25日，按合同规定，开出转账支票向甲公司预付购买A材料的货款50 000元。 （7）28日，以预付货款方式向甲公司采购的A材料运达公司。有关发票单据列明材料价款50 000元，增值税税额6 500元。当即开出一张转账支票补付货款6 500元。材料已验收入库。 （8）30日，5日从甲公司购入A材料的采购发票仍未收到。该批材料合同采购价为35 000元。 （9）30日，根据发料凭证汇总表，本月生产产品领用A材料，成本45 000元，领用B材料，成本30 000元；车间一般性消耗领用A材料，成本5 000元；固定资产在建工程领用B材料，成本10 000元。	

训　　练	评价与反思
2．有朋公司对包装物采用实际成本核算，出库时包装物成本一次摊销。3 月发生下列经济业务。**要求：**根据资料进行账务处理。 （1）公司生产车间为包装产品领用包装物一批。其实际成本为 3 000 元。 ________________ ________________ ________________ （2）公司在销售产品过程中，领用不单独计价包装物一批。实际成本为 5 000 元。 ________________ ________________ （3）公司在产品销售过程中，领用单独计价包装物一批，实际成本 8 000 元，售价 10 000 元，增值税税额 1 300 元。款项已收到，存入银行。 ________________ ________________ （4）公司为销售产品，以出租方式为客户提供全新包装物一批，实际成本 12 000 元，租期 4 个月，收取租金 6 000 元和增值税税额 780 元，收取押金 20 000 元。 ________________ ________________ ________________ ________________ ________________	业务类型判断： __________ 训练结果： ☺ □　　☹ □ 收获：__________

训　　练	评价与反思
（5）上述包装物承租方逾期未退，本企业没收其押金（提示：注意增值税处理）。 （6）公司出借新包装物一批，实际成本 5 000 元，收取押金 8 000 元。存入银行。	
3．义达公司对低值易耗品采用五五摊销法核算。6 月份发生以下业务。**要求**：根据资料进行相关账务处理。 （1）5 日，企业购入作为低值易耗品的生产用具一批。收到购入该批低值易耗品的增值税普通发票及其运输费增值税普通发票，发票注明低值易耗品价款 4 000 元，运费 800 元。款项已用银行存款支付。	业务类型判断： 训练结果： ☺ □　　☹ □ 收获：

训　　练	评价与反思
（2）8 日，生产车间领用了该批生产工具。 （3）10 日，该批工具报废。收回残料入库，价值 500 元。	
4．中宇公司为增值税一般纳税人，3 月份发生以下经济业务。**要求：**根据资料进行账务处理。 （1）17 日，将一批材料委托给其他企业加工成某半成品，收回后用于继续生产应税消费品。发出材料的实际成本为 110 000 元。 （2）20 日，支付加工费 70 000 元、增值税税额 9 100 元和受托方代收代缴的消费税 20 000 元。 （3）21 日，支付委托加工物资发生的往返运费共 1 500 元（取得增值税普通发票）。	业务类型判断： 训练结果： ☺ □　　☹ □ 收获：

训　练	评价与反思
（4）25日，该批委托加工物资收回并验收入库。	
5．东湖公司3月末对存货进行清查。**要求**：根据资料进行相关处理。 （1）在清查中，发现A材料盘盈5千克。其市场价格为每千克30元，批准后转作营业外收入。 （2）清查中发现B材料盘亏，系由收发计量造成。其实际成本5 000元，经批准转作营业外支出。 （3）在存货清查中，发现毁损产品一批。其账面价值 30 000元。经查是仓库保管员王明保管不当造成的。按规定，应由其赔偿15 000元，残料变价收入9 000元。该批产品耗用材料和劳务的进项税额3 900元。经批准结转相关损益。	业务类型判断： 训练结果： ☺ □　　☹ □ 收获：

实践训练

正泰公司 3 月份存货的收发资料如图 4.1 所示。

存货明细账

计量单位：千克　　　　　　　　　　　　　　　　　　　　金额单位：元

2021 年		摘　要	收　入			发　出			结　存		
月	日		数　量	单　价	金　额	数　量	单　价	金　额	数　量	单　价	金　额
3	1	期初结存							400	20	8 000
	5	购入	600	22	13 200						
	8	发出				650					
	19	购入	500	21	10 500						
	26	发出				750					
	31	本月合计	1 100		23 700	1 400					

图 4.1

要求：分别运用全月一次加权平均法、先进先出法计算本月发出存货和月末结存存货的成本。

1. 加权平均法（计算结果填入图 4.2）

存货明细账

计量单位：千克　　　　　　　　　　　　　　　　　　　　金额单位：元

2021 年		摘　要	收　入			发　出			结　存		
月	口		数　量	单　价	金　额	数　量	单　价	金　额	数　量	单　价	金　额
3	1	期初结存							400	20	8 000
	5	购入	600	22	13 200						
	8	发出				650					
	19	购入	500	21	10 500						
	26	发出				750					
	31	本月合计									

图 4.2

请在以下位置写出计算过程。

加权平均单价=______________________________

存货期末结存金额=______________________________

本期发出存货金额=______________________________

2. 先进先出法（计算结果填入图 4.3）

存货明细账

计量单位：千克　　　　金额单位：元

2021年		摘要	收入			发出			结存		
月	日		数量	单价	金额	数量	单价	金额	数量	单价	金额
3	1	期初结存							400	20	8 000
	5	购入	600	22	13 200						
	8	发出				650					
	19	购入	500	21	10 500						
	26	发出				750					
	31	本月合计									

图 4.3

请在以下位置写出计算过程。

当期发出存货数量合计=________________________

本期发出存货金额=________________________

期末结存存货数量=________________________

期末结存存货金额=________________________

期末结存存货单价=________________________

模块五
固定资产核算能力训练

在线测试

认知、思辨和职业判断训练

训　练	评价与反思
一、简答题 1．简述固定资产的定义，并列举小企业固定资产的种类。	知识点作用：
2．简述影响固定资产折旧计算的主要因素。 3．简述外购固定资产初始成本构成内容，以及相关特殊业务计量要求。	知识点作用：

训　练	评价与反思
4．简述自行建造固定资产成本构成，以及相关特殊业务事项计量要求。 ____ ____ ____	知识点作用：
二、单项选择题 1．可以作为固定资产管理和核算的是（　　）。 A．随产品出售的包装箱 B．构成产品组成部分的原料 C．可以使用半年的砂轮机 D．可以使用3年的手推车	☺ □　☹ □ 依据知识点：________ ________________ ________________
2．固定资产卡片是（　　）。 A．固定资产的明细账 B．固定资产的备查账 C．固定资产的总账 D．固定资产的标识	☺ □　☹ □ 依据知识点：________ ________________ ________________
3．固定资产的成本中不应包括（　　）。 A．买价 B．固定资产运输费 C．增值税专用发票上注明的进项税 D．固定资产进口关税	☺ □　☹ □ 依据知识点：________ ________________ ________________
4．企业购入需要安装的固定资产，需要先通过（　　）科目核算。 A．固定资产　　B．在建工程 C．工程物资　　D．固定资产清理	☺ □　☹ □ 依据知识点：________ ________________ ________________

训　　练	评价与反思
5．某年12月31日图灵公司进行盘点，发现有一台使用中的机器设备未入账。该型号机器设备的市场价格750万元，现在八成新。按《小企业会计准则》，其正确的会计处理方法是（　　）。 A．贷记“待处理财产损溢”科目750万元 B．贷记“待处理财产损溢”科目1 350万元 C．贷记“待处理财产损溢”科目600万元 D．贷记“以前年度损益调整”科目600万元	☺ □　☹ □ 依据知识点：________ ________ ________
6．企业采用出包方式建造固定资产，按合同规定支付的工程进度款应通过（　　）科目核算。 A．应付账款　B．预付账款 C．在建工程　D．其他应付款	☺ □　☹ □ 依据知识点：________ ________
7．某企业购置一台需要安装的生产用设备。取得的增值税专用发票上注明的设备买价1 000 000元，增值税税额130 000元；支付运输费2 000元、增值税税款180元。设备安装时领用工程用材料物资，价值2 000元；设备安装时支付有关人员工资费用3 000元。那么，该固定资产的入账价值为（　　）元。 A．1 175 000　B．1 007 000 C．1 205 000　D．1 180 075	☺ □　☹ □ 依据知识点：________ ________ ________
8．计提固定资产折旧时通常不考虑的因素是（　　）。 A．固定资产原值　B．固定资产预计净残值 C．固定资产使用年限　D．固定资产使用部门	☺ □　☹ □ 依据知识点： ________
9．不应计提固定资产折旧的设备是（　　）。 A．季节性停用的大型设备 B．已提足折旧仍在使用的大型设备 C．以融资租赁方式租入的大型设备 D．以经营租赁方式出租的大型设备	☺ □　☹ □ 依据知识点：________ ________
10．某固定资产使用年限为5年，在采用年数总和法计提折旧的情况下，第1年的年折旧率为（　　）。 A．20%　B．33% C．40%　D．50%	☺ □　☹ □ 依据知识点：________ ________

训　　练	评价与反思
11．某固定资产原值 250 000 元，预计净残值 6 000 元，预计可以使用 8 年。按照双倍余额递减法计算，第 2 年应计提的折旧为（　　）元。 A．46 875　　B．45 750 C．61 000　　D．30 500	☺ □　☹ □ 依据知识点：________ ________
12．一台机器设备原值 80 000 元，估计净残值 8 000 元，预计可使用12年。按直线法计提折旧，第2年应计提的折旧为(　　)元。 A．6 600　　B．6 000 C．7 000　　D．8 000	☺ □　☹ □ 依据知识点：________ ________
13．某企业 5 月份期初固定资产原值 1 000 万元。5 月份增加了一项固定资产，入账价值 500 万元。同时，5 月份减少了固定资产，原值 600 万元。那么，5 月份该企业应计提折旧的固定资产原值为（　　）万元。 A．1 000　　B．1 500 C．900　　D．1 100	☺ □　☹ □ 依据知识点：________ ________ ________
14．在固定资产的折旧方法中，期初不需要考虑固定资产净残值的方法是（　　）。 A．工作量法　　B．平均年限法 C．双倍余额递减法　　D．年数总和法	☺ □　☹ □ 依据知识点：________ ________
15．按《小企业会计准则》规定，固定资产支出通过“长期待摊费用”账簿核算的是（　　）。 A．固定资产日常维修支出 B．未提足折旧固定资产改建支出 C．已提足折旧固定资产改建支出 D．购入固定资产安装支出	☺ □　☹ □ 依据知识点：________ ________
16．固定资产报废、出售应通过（　　）科目核算。 A．待处理财产损溢　　B．累计摊销 C．固定资产清理　　C．制造费用	☺ □　☹ □ 依据知识点：________ ________

训　　练	评价与反思
17．出售固定资产收取的价款应贷记（　　）科目。 A．营业外支出　　B．营业外收入 C．资本公积　　D．固定资产清理	☺ □　☹ □ 依据知识点：＿＿＿＿ ＿＿＿＿＿＿
18．某企业出售闲置的设备。账面原价 21 000 元，已计提折旧 2 100 元，出售的时候发生清理费用 400 元，出售价格 18 000 元。那么，该企业出售此设备发生的净损益为（　　）。 A．净损失 500 元　　B．净损失 1 300 元 C．净损失 900 元　　D．净收益 1 300 元	☺ □　☹ □ 依据知识点：＿＿＿＿ ＿＿＿＿＿＿
19．因自然灾害报废的固定资产，结转报废净损失时应借记（　　）科目核算。 A．固定资产　　B．固定资产清理 C．营业外支出　　D．待处理财产损溢	☺ □　☹ □ 依据知识点：＿＿＿＿ ＿＿＿＿＿＿
20．以下固定资产后续支出中，直接计入当期损益的是（　　）。 A．购入时发生的安装费用 B．改建费用 C．购入时发生的运杂费 D．管理部门固定资产修理费	☺ □　☹ □ 依据知识点：＿＿＿＿ ＿＿＿＿＿＿ ＿＿＿＿＿＿
21．某企业 5 月计提累计折旧 10 500 元。5 月份增加固定资产一项，月应计提折旧 750 元。同时，减少固定资产一项，月应计提折旧 1 500 元。那么，6 月份该企业应计提折旧额为（　　）元。 A．11 100　　B．10 650 C．10 500　　D．9 750	☺ □　☹ □ 依据知识点：＿＿＿＿ ＿＿＿＿＿＿ ＿＿＿＿＿＿
22．按《小企业会计准则》，盘盈固定资产处理应贷记（　　）科目。 A．累计折旧　　B．资本公积 C．本年利润　　D．营业外收入	☺ □　☹ □ 依据知识点：＿＿＿＿ ＿＿＿＿＿＿

训　　练	评价与反思
三、多项选择题 1．应计入固定资产成本的有（　　　）。 A．经营租入固定资产改良支出 B．在建工程领用本企业产品的成本 C．在建工程领用原材料的已抵扣的进项税额 D．在建工程发生的材料、人工和管理费	☺ □　　☹ □ 依据知识点：________ ________ ________ ________
2．采用自营方式建造固定资产的情况下，应计入固定资产取得成本的有（　　　）。 A．工程人员的薪酬 B．工程耗用原材料相关的进项税额 C．工程领用本企业商品产品的实际成本 D．生产车间为工程提供水电等费用	☺ □　　☹ □ 依据知识点：________ ________ ________
3．下列固定资产中本月应计提折旧的有（　　　）。 A．上月投入使用的专用机器设备 B．使用 10 年但未提足折旧的房屋及建筑物 C．当月接受投资转入的固定资产 D．提足折旧的固定资产	☺ □　　☹ □ 依据知识点：________ ________
4．“固定资产清理”科目借方核算的内容包括（　　　）。 A．转入清理的固定资产的原值 B．发生的清理费用 C．结转的固定资产处置净损失 D．结转的固定资产处置净收益	☺ □　　☹ □ 依据知识点：________ ________
5．下列（　　　）是我国规定可以采用，且折旧率固定的折旧方法。 A．递减折旧率法　　B．年限平均法 C．双倍余额递减法　　D．年数总和法	☺ □　　☹ □ 依据知识点：________ ________
6．企业计算固定资产折旧要考虑的因素主要有（　　　）。 A．固定资产原价　　B．固定资产预计使用年限 C．固定资产修理费用　　D．固定资产预计净残值	☺ □　　☹ □ 依据知识点：________ ________

训 练	评价与反思
四、判断题 1．固定资产提足折旧后，不论是否继续使用，均不再计提折旧。（ ）	☺ □ ☹ □ 依据知识点：________ ________________
2．预计净残值是指固定资产预计使用寿命已满，企业从该项固定资产处置中获得的收益扣除预计处置费用后的净额。（ ）	☺ □ ☹ □ 依据知识点：________ ________________
3．企业所有的固定资产都应计提折旧。（ ）	☺ □ ☹ □ 依据知识点：________ ________________
4．已提足折旧和未提足折旧固定资产的改建支出核算方式相同。（ ）	☺ □ ☹ □ 依据知识点：________ ________________
5．固定资产处置净损失应计入营业外支出。（ ）	☺ □ ☹ □ 依据知识点：________ ________________
6．《小企业会计准则》规定，盘盈固定资产批准处理前应通过“待处理财产损溢”科目核算。（ ）	☺ □ ☹ □ 依据知识点：________ ________________
7．购入不需要安装固定资产的成本应通过“在建工程”科目核算。（ ）	☺ □ ☹ □ 知识点：________ ________________

应用训练

训　　练	评价与反思
1．风华公司 4 月份发生如下经济业务。**要求**：根据资料进行相关账务处理。 （1）4 月 1 日，从丁公司购入一台不需要安装的生产设备。用银行存款支付设备价款 60 000 元，增值税税额 7 800 元，同时支付运费 3 000 元，增值税税额 270 元。 ____________________ ____________________ （2）4 月 3 日，盘盈设备一台。同类设备市场价格 65 000 元，估计有六成新。盘盈设备的处理已经批准。 ____________________ ____________________ （3）4 月 4 日，公司购入一台生产用球磨机，设备价款 350 500 元，增值税税额 45 565 元。款项于安装完成验收之日支付。该设备需要安装，并由企业负担运输、安装费用。 ____________________ ____________________ ____________________ （4）4 月 10 日，上述球磨机运抵。运输单位开来的增值税专用发票表明发生运输费用 6 212 元，增值税税额 559.08 元。款项已开出转账支票支付。 ____________________ ____________________ ____________________	业务类型判断： ____________ 训练结果： ☺ □　　☹ □ 收获：____________

训　练	评价与反思
（5）4月10日，为安装球磨机领用A材料一批，材料成本为47 000元。	
（6）4月30日，计算分配安装球磨机人员工资12 570元。	
（7）5月10日，球磨机安装完成。	

训　　练	评价与反思
2．5月开始，衣盛公司以自营方式建造车间厂房一栋。**要求**：根据资料进行相关账务处理。 （1）该工程在建设期间领用工程物资一批，成本400 000元；领用原材料一批，成本100 000元。 ＿＿＿＿＿＿＿＿ （2）分配建设人员工资200 000元。 ＿＿＿＿＿＿＿＿ （3）支付工程监理费用53 000元，相关增值税税额3 180元。 ＿＿＿＿＿＿＿＿ （4）该工程11月完工。 ＿＿＿＿＿＿＿＿	业务类型判断： ＿＿＿＿＿＿＿＿ 训练结果： ☺ □　　☹ □ 收获：＿＿＿＿＿＿

训 练	评价与反思
3．5 月开始，华联公司以外包方式建设厂房一栋，发生下列经济业务。**要求**：进行相关账务处理。 （1）5 月 30 日，企业支付工程款 900 000 元，增值税税额 81 000 元。 （2）6 月，按工程进度支付工程款 800 000 元，增值税税额 72 000 元。 （3）9 月，支付工程款 1 200 000 元，增值税税额 108 000 元。 （4）10 月，工程完工。工程总决算款 2 930 000 元，余款 30 000 元，增值税税额 2 700 元。一并支付。	业务类型判断： 训练结果： ☺ □　☹ □ 收获：

训　练	评价与反思

4．奇财公司 2021 年 5 月发生下列固定资产折旧有关业务。**要求：**根据业务资料计算新增设备的年折旧额和月折旧额，进行处置固定资产和分配折旧的账务处理。

（1）7 日，购入 B 产品冲压机一台，原值 210 000 元，预计净残值率 5%，使用期限为 5 年。使用平均年限法计算折旧。

折旧计算过程：

____

____

____

（2）22 日，出售 B 产品车床一台。设备出售价款 80 000 元，增值税税额 10 400 元。无清理费用，款项已收到。该设备 2018 年 5 月购入，当月投入使用，原值 200 000 元，预计使用寿命 5 年，预计净残值率 5%。采用双倍余额递减法计提折旧，双倍余额递减法折旧计算表如图 5.1 所示。

双倍余额递减法折旧计算表

元

年　度	期初账面价值 ①=上期期末④	折旧率 ②	年折旧额 ③=①×②	期末账面价值 期末④=①−③
固定资产原价				
第 1 年折旧额				
第 2 年折旧额				
第 3 年折旧额				
第 4 年折旧额				
第 5 年折旧额				

图 5.1

第 3 年的月折旧额：

____

____

至出售月份已计提折旧总额：

____

____

业务类型判断：

____

训练结果：

☺ □　　☹ □

收获：____________

训　　练	评价与反思

处置的账务处理：

（3）31 日，计提本月固定资产折旧。

奇财公司采用调整法计提当月固定资产折旧。固定资产明细账记载，4 月份固定资产变动情况如下：购入生产 A 产品用固定资产，经计算月折旧额 7 800 元；减少固定资产两项，一项为管理部门复印机，月折旧额 500 元，一项为生产 A 产品用车床，月折旧额为 1 100 元。

4 月份折旧总额为 79 000 元，各部门分配折旧额如下：A 产品设备折旧 41 000 元；B 产品设备折旧 23 000 元；车间设备折旧 3 000 元；管理部门设备折旧 12 000 元。

5 月份固定资产变动资料见第（1）和第（2）项所示。

编制月折旧额计算表，据此分配 5 月份折旧（见图 5.2）并进行账务处理。

固定资产折旧计算表

年　　月　　　　　　　　元

使用部门		上月计提折旧额①	上月增加固定资产应计提折旧额②	上月减少固定资产应计提折旧额③	本月应计提折旧额④=①+②−③
生产车间	A 产品				
	B 产品				
	车间共耗				
	小　计				
行政管理部门					
合　计					

图 5.2

训　　练	评价与反思

账务处理：

（4）在第（3）项折旧数据的基础上，联系第（1）和第（2）项资料，编制 6 月份固定资产折旧计算表（见图 5.3）并进行账务处理。

固定资产折旧计算表

年　　月　　　　　　　　　　元

使用部门		上月计提折旧额①	上月增加固定资产应计提折旧额②	上月减少固定资产应计提折旧额③	本月应计提折旧额④＝①+②－③
生产车间	A 产品				
	B 产品				
	车间共耗				
	小　计				
行政管理部门					
合　计					

图 5.3

财务处理：

训　　练	评价与反思
5．花海汽车销售公司 2021 年发生以下业务。**要求**：进行账务处理。 （1）5 月，对公司生产车间固定资产进行日常性维修。领用原材料一批，材料成本 24 000 元；领用工程物资一批，物资成本 35 000 元。 （2）公司对一栋已提足折旧的旧办公楼进行改建。改建工程采用外包方式，工程于 2021 年 5 月 1 日开始，当年 12 月工程竣工，通过验收。公司分别于 6 月、11 月向承建单位支付工程款 500 000 元。12 月工程竣工时，承建单位开来增值税专用发票，工程总价款 1 360 000 元，增值税税额 122 400 元。所余款项已转账支付。	业务类型判断： 训练结果： ☺ □　　☹ □ 收获：

训　　练	评价与反思
6．公司一台设备达到使用寿命，不能继续使用，进行报废清理。该设备原价 50 000 元，已计提折旧 48 000 元，取得的残料变价收入 1 000 元，增值税税额 130 元，支付清理费用 2 000 元。**要求**：进行相关账务处理。 ____________________________	业务类型判断： ____________ 训练结果： ☺ □　☹ □ 收获：____________

实践训练

1．根据资料（见图 5.4 和图 5.5）编制记账凭证，填写图 5.6（增值税专用发票略，设备价款为 800 000 元，增值税税额为 104 000 元。评估值、相关税款与所占实收资本份额相等）。

资产评估报告

江城市正太有限责任公司部分机器设备资产评估报告书

沪东评报字（2021）第 12044 号

江城东华资产评估有限公司（以下简称本所）接受正太有限责任公司（以下简称正太公司）的委托，根据国家有关资产评估的规定，本着客观、独立、公正、科学的原则，按照公认的资产评估方法，对正太公司接受投资的资产进行了评估工作。

……

三、评估范围和对象

本次评估范围为正太公司接受公谨有限责任公司投资机器设备。具体评估对象为机器设备。

……

六、评估结论

资产占有单位名称：正太公司　金额单位：人民币元

项目	评估价值
固定资产——T998 机器设备	800 000.00

……

注册资产评估师 方宗年

……

图 5.4

1100151140　　北京增值税专用发票　　№ 81189158　1100151140　81189158

（印章：全国统一发票监制章 北京 国家税务总局监制）

发票联

机器编号：982888812388　　开票日期：2021年04月08日

税总函［2016］××号××××公司

购买方	名　　称：正太有限责任公司 纳税人识别号：91110108M809263905 地 址、电 话：北京市伟力路751号02567900 开户行及账号：工行北京市名群路支行3807926891385862592	密码区	172312-4-275<1+46*54* 82*59* 181321><8182*59*09618153</ <4<3*2702-9>9*+153</0 >2-3 *08/4>*>>2-3*0/9/>>25-275<1

货物或应税劳务、服务名称	规格型号	单位	数量	单价	金额	税率	税额
T998机床		台	1	800,000.00	800,000.00	13%	104,000.00
合　　计					¥800,000.00		¥104,000.00
价税合计（大写）	⊗ 玖拾万肆仟元整				（小写）¥904,000.00		

销售方	名　　称：公谨有限责任公司 纳税人识别号：91110108M817815505 地 址、电 话：北京市恒驰路659号65170049 开户行及账号：工行北京市汇逸路支行8155927301357948131	备注	校验码 52118 02817 08248 65199 （印章：公谨有限责任公司 91110108M817815505 发票专用章）

收款人：　　复核：罗明　　开票人：何华　　销售方：（章）

第三联：发票联　购买方记账凭证

图 5.5

记 账 凭 证

年　　月　　日　　　　　　　　　　记 字 第　　　号

摘要	总账科目	明细科目	记账√	借方金额										记账√	贷方金额								
				千	百	十	万	千	百	十	元	角	分		千	百	十	万	千	百	十	元	角	分
合　计																								

附单据　　张

财务主管　　　记账　　　出纳　　　审核　　　制单

图 5.6

2．根据资料（见图 5.7）编制记账凭证，填写图 5.8。

固定资产盘盈盘亏报告单

企业名称：正方有限责任公司　　　日期：2020年12月25日　　　部门：

固定资产编号	固定资产名称	固定资产规格及型号	盘盈			盘亏				原因
			数量	重置价	累计折旧	数量	原价	已提折旧	已提减值准备	
AS2552	QTS01型铣床	2008-12				1	16000	9000		丢失
处理意见	审批部门			清查小组			使用保管部门			
	同意处理　张英			同意处理　吴婵			经研究由保管人赔偿500元，其他计入当期损益。　张妩			

图 5.7

记 账 凭 证

年　　月　　日　　　　　　　　　　记 字 第　　　号

摘要	总账科目	明细科目	记账√	借方金额										记账√	贷方金额								
				千	百	十	万	千	百	十	元	角	分		千	百	十	万	千	百	十	元	角	分
合　计																								

附单据　　张

财务主管　　　记账　　　出纳　　　审核　　　制单

图 5.8

记 账 凭 证

年　　月　　日　　　　　　　　　　　　　　　　记 字第　　　　号

摘要	总账科目	明细科目	记账√	借方金额										记账√	贷方金额								
				千	百	十	万	千	百	十	元	角	分		千	百	十	万	千	百	十	元	角	分
合　计																								

附单据　　张

财务主管　　　　记账　　　　出纳　　　　审核　　　　制单

续图 5.8

模块六
无形资产及长期待摊费用核算能力训练

在线测试

认知、思辨和职业判断训练

训　　练	评价与反思
一、简答题 1．简述无形资产的定义和包括的内容。 ____ ____	知识点作用：
2．简述自行开发无形资产的阶段，以及区分各阶段的主要标志性条件。 ____ ____	知识点作用：
3．简述无形资产摊销起止时间确定的原则和摊销年限的规定。 ____ ____ 4．简述长期待摊费用包括的内容。 ____ ____	知识点作用：

训　练	评价与反思
二、单项选择题 1．小企业不应列为无形资产管理和核算的是（　　）。 A．企业长期经营取得的良好信誉 B．购入的非专利技术 C．自主研发的专利技术 D．外购的商标权	☺ □　☹ □ 依据知识点：________ ________ ________
2．企业自行开发的无形资产，达到资本化条件后发生的支出应计入（　　）。 A．管理费用 B．营业外支出 C．研发支出——资本化支出 D．研发支出——费用化支出	☺ □　☹ □ 依据知识点：________ ________ ________
3．用来反映无形资产摊销情况的科目是（　　）。 A．管理费用　　B．累计摊销 C．其他业务成本　　D．无形资产	☺ □　☹ □ 依据知识点：________ ________
4．无形资产预期不能为企业带来经济利益，对其予以报废，其账面价值应列入（　　）科目核算。 A．营业外支出　　D．资产减值准备 C．待处理财产损溢　　D．其他业务成本	☺ □　☹ □ 依据知识点：________ ________
5．A 公司因生产产品的需要，组织相关人员进行一项技术的研发。在整个研发过程中，发生各种材料支出 100 000 元，人工支出 46 000 元。上述各项支出中符合资本化的部分是 120 000 元，应予以费用化的部分是 26 000 元。该项专利技术又申请了国家专利，在申请专利的过程中发生各种费用 10 000 元。那么，无形资产的入账成本为（　　）元。 A．120 000　　B．26 000 C．130 000　　D．36 000	☺ □　☹ □ 依据知识点：________ ________ ________ ________

训　练	评价与反思
6．企业出售无形资产所发生的净损失，应通过（　　）科目核算。 A．营业外支出　　B．资产减值损失 C．管理费用　　D．其他业务成本	☺ □　☹ □ 依据知识点：________ ________
7．接受投资者投入无形资产的入账价值为（　　）。 A．无形资产的公允价值 B．评估价值和 C．投资者无形资产的账面价值 D．投资合同或协议约定的价值	☺ □　☹ □ 依据知识点：________ ________ ________
8．企业经营租入固定资产的改建支出应列入（　　）科目进行核算。 A．固定资产　　B．长期待摊费用 C．主营业务成本　　D．制造费用或管理费用	☺ □　☹ □ 依据知识点：________ ________
9．B公司2019年9月1日用银行存款120万元购入一项非专利技术（增值税税额72 000元）并于当月投入使用。该项技术的预计使用年限为10年，则2021年3月1日该无形资产的账面净值是（　　）万元。 A．103　　B．102 C．120　　D．163.2	☺ □　☹ □ 依据知识点：________ ________ ________
10．应列为管理费用核算的是（　　）。 A．出售无形资产的净损失 B．生产产品用无形资产的摊销额 C．自行开发的无形资产的研发支出不满足资本化条件的部分 D．报废无形资产的净损失	☺ □　☹ □ 依据知识点：________ ________ ________

训　练	评价与反思
三、多项选择题 1．关于无形资产描述正确的有（　　　）。 A．没有实物形态 B．为生产产品、提供劳务、出租或经营管理而持有 C．可辨认 D．非货币性长期资产	☺ □　☹ □ 依据知识点：________ ________ ________ ________
2．无形资产一般包括（　　　）。 A．商誉　B．外购商标权 C．专利权　D．非专利技术	☺ □　☹ □ 依据知识点：________ ________
3．企业无形资产摊销可能列支的科目有（　　　）。 A．其他业务成本　B．管理费用 C．财务费用　D．制造费用	☺ □　☹ □ 依据知识点：________ ________
4．属于长期待摊费用的有（　　　）。 A．固定资产的大修理费用 B．经营性租入固定资产改建支出 C．租入固定资产的预付租金 D．已提足折旧的固定资产的改建支出	☺ □　☹ □ 依据知识点：________ ________
5．企业自行研发的无形资产开发阶段的支出，确认为无形资产应同时满足的条件有（　　　）。 A．完成该无形资产以使其能够使用或出售在技术上具有可行性 B．具有完成该无形资产并使用或出售的意图 C．归属于该无形资产开发阶段的支出能够可靠地计量 D．有足够的技术、财务资源和其他资源支持，以完成该无形资产的开发，并有能力使用或出售该无形资产	☺ □　☹ □ 依据知识点：________ ________ ________ ________

训　　练	评价与反思
四、判断题 1．无形资产既包括可辨认的，也包括不可辨认的相关没有实物形态的资产。（　）	☺ □　☹ □ 依据知识点：________ ________________
2．研发支出都应予以资本化，计入无形资产的价值。（　）	☺ □　☹ □ 依据知识点：________ ________________
3．对无形资产进行摊销时直接冲减无形资产的账面价值。（　）	☺ □　☹ □ 依据知识点：________ ________________
4．商誉是不具有实物形态的资产，虽然也能给企业带来经济利益，但其存在不具有可辨认性，所以不能列为无形资产。（　）	☺ □　☹ □ 依据知识点：________ ________________
5．无形资产成本在取得的当月开始摊销，处置无形资产的当月不再摊销。（　）	☺ □　☹ □ 依据知识点：________ ________________
6．无形资产价值的摊销直接贷记“无形资产”科目。（　）	☺ □　☹ □ 依据知识点：________ ________________

应用训练

训　　练	评价与反思
1. 吉顺公司 2020 年发生如下经济业务。**要求**：根据资料进行账务处理。 （1）9 月 4 日，取得购买非专利技术的增值税专用发票。发票记载公司从 A 公司购入一项制冷非专利技术，价款 160 000 元，增值税税额 9 600 元；为购进该无形资产另外支付手续费和律师费 6 000 元和相应的增值税税额 360 元（取得增值税专用发票）。该非专利技术已办妥交割手续，各款项均通过银行付清。 ______ ______ ______ （2）9 月 4 日，接受 B 公司投资转入的土地使用权。投资协议表明，该土地评估价值 300 万元。收到土地使用权转让的增值税专用发票，发票记载该土地使用权价值 300 万元，增值税税额 27 万元。公司原注册资本金 600 万元，接受投资后本公司注册资本增加到 800 万元。 ______ ______ ______ ______ （3）9 月 5 日，公司自行研究开发某项新技术，代号 A708，为此发生各项资料费、考察费 43 000 元（各项支出不符合资本化条件）。 ______ ______ ______	业务类型判断： ______ 训练结果： ☺ □　　☹ □ 收获：______ ______ ______ ______ ______ ______ ______ ______ ______ ______ ______ ______ ______ ______ ______ ______

训　　练	评价与反思
（4）9 月 30 日，工资汇总表显示应付研发人员薪酬 54 000 元（支出不符合资本化条件，忽略其他人员工资的核算）。	
（5）9 月 30 日，根据相关方判断，开发的 A708 技术仍处于研究阶段。结转研发成本。	
（6）10 月 4 日，取得增值税专用发票，系公司为研究 A708 技术支付的顾问费 8 900 元、增值税税款 534 元（支出不符合资本化条件）。	
（7）10 月 22 日，A708 技术通过技术可行性研究（符合资本化条件），公司决定进行开发。10 月 25 日，支付试制设备租金 18 000 元、增值税税款 2 340 元。同日，领用原材料一批用于技术开发，材料成本 21 000 元。	
（8）10 月 31 日，A708 技术试制成功，投入使用。结转研发成本。	

训　练	评价与反思
2. 方文公司因生产产品需要，组织研究人员研发一项专利技术，为此发生以下业务。**要求**：进行账务处理。 （1）符合资本化条件以前，领用材料一批，成本 30 000 元，应付研发人员薪酬 50 000 元，相关研究专用固定资产折旧费 20 000 元。 __________ __________ （2）符合资本化条件后，支付专家咨询费 60 000 元、增值税税款 3 600 元；外购材料费 62 000 元，增值税税额 8 060 元。 __________ __________ （3）研究成功后用存款支付律师费等 18 000 元、增值税税款 1 080 元。 __________ __________ （4）结转本项研发的全部费用。 __________ __________	业务类型判断： __________ 训练结果： ☺ □　　☹ □ 收获：__________
3. 立新公司 2021 年 7、8 月无形资产情况如图 6.1 所示。	业务类型判断： __________ 训练结果： ☺ □　　☹ □ 收获：__________

无形资产摊销计算表

编号：000060　　　　2021 年 7 月 31 日　　　　元

项　目	价　值		入账时间	摊销期限	月摊销额
	原入账价值	已摊销金额			
A 非专利技术	36 000	9 000		10 年	300
B 专利权	24 000	12 000		5 年	400
合　计	60 000	21 000			700

图 6.1

训　练	评价与反思
8月1日，接受丁山公司投入的一项商标权。评估价值为132 000元，预计该项无形资产的使用寿命为15年。该无形资产已经办妥接收手续并投入使用。 **要求：**编制立新公司2021年8月份的无形资产摊销计算表（见图6.2）并进行摊销的账务处理。	

无形资产摊销计算表

编号：　　　　　　　　年　月　日　　　　　　　　元

项　目	价　值		入账时间	摊销期限	月摊销额
	原入账价值	已摊销金额			
合　计					

图6.2

4. 简约公司发生以下业务。**要求：**进行账务处理。

（1）6月1日，收到本公司开出的增值税专用发票，出售一项专利技术。出售价款56 000元，增值税税额3 360元。款项已收讫。该项专利技术原值100 000元，已提累计摊销60 000元。

（2）8月6日，出售一项非专利技术的所有权。取得价款100 000元，增值税税额6 000元。该项无形资产的账面原值125 000元，累计摊销120 000元。

业务类型判断：

训练结果：

☺ □　☹ □

收获：

训　练	评价与反思
5. 9月6日，长发公司确认由于市场竞争加剧，所以原先自己拥有的一项非专利技术已不能为公司带来经济利益，经管理层决定现予以报废。该项非专利技术账面价值为 280 000 元，已累计摊销 220 000 元。**要求：**进行账务处理。 ______ ______ ______ ______	业务类型判断： ______ 训练结果： ☺ □　☹ □ 收获：______ ______ ______
6. 11 月 1 日，利达公司经过允许，将经营租入的一栋车间厂房进行改建。改建过程中发生各项支出合计 120 000 元，该租入房屋剩余租期 6 年。**要求：**完成发生改建费用和摊销时的账务处理。 ______ ______ ______ ______ ______	业务类型判断： ______ 训练结果： ☺ □　☹ □ 收获：______ ______ ______ ______

实践训练

根据资料（支付款项结算凭证略，其他资料和原始凭证见图 6.3 与图 6.4）编制记账凭证，填写图 6.5。

专利技术转让合同

技术受让方：正太有限责任公司

技术转让方：长城技术开发有限责任公司

……

本合同技术转让方拥有的热处理专利技术，甲方受让该项技术所有权并支付相应的转让价款。双方就此项专利申请权转让事项经过平等协商，在真实、充分地表达各自意愿的基础上，根据《中华人民共和国合同法》的规定达成如下协议，并由双方共同恪守。

……

第七条 成交金额、付款时间与付款方式。

本次转让成交总金额 84 000 元，技术受让方于成交日起 3 个月内，一次性付清全部款项。

……

图 6.3

1100151140　　北京增值税专用发票　　№ 83990987　1100151140　83990987

科技伴随 高效学习

发票联

机器编号：982888812388　　开票日期：2021年08月02日

税总函[2016]××号××××公司

购买方　名　　称：正太有限责任公司
纳税人识别号：91110108M809263905
地 址、电 话：北京市伟力路751号02567900
开户行及账号：工行北京市名群路支行38079268913858625592

密码区　172312-4-275 <1+46*54* 82*59*
181321> <8182*59*09618153 </
<4 <3*2702-9> 9*+153 </0 > 2-3
*08/4> *> > 2-3*0/9/> > 25-275 <1

货物或应税劳务、服务名称	规格型号	单位	数量	单价	金额	税率	税额
8802型热处理专利			1	84,000.00	84,000.00	6%	5,040.00
合　　计					¥84,000.00		¥5,040.00
价税合计（大写）	⊗ 捌万玖仟零肆拾元整				（小写）¥89,040.00		

销售方　名　　称：长城技术开发有限责任公司
纳税人识别号：91110108M476744309
地 址、电 话：北京市格文路328号22072020
开户行及账号：工行北京市隆伦路支行1020923355378006188

备注　校验码 52118 02817 08248 65199

长城技术开发有限责任公司 91110108M476744309 发票专用章

收款人：　　复核：胡婉　　开票人：徐妯　　销售方：（章）

第三联：发票联　购买方记账凭证

图 6.4

记账凭证

年　月　日　　　　　　　　　　　　　　　　记字第　　号

摘要	总账科目	明细科目	记账	借方金额										记账	贷方金额									
			√	千	百	十	万	千	百	十	元	角	分	√	千	百	十	万	千	百	十	元	角	分
合　计																								

附单据　张

财务主管　　记账　　出纳　　审核　　制单

图 6.5

模块七
应付及预收款项核算能力训练

在线测试

认知、思辨和职业判断训练

训　　练	评价与反思
一、简答题 1. 简述职工薪酬的内容。 ____________________ ____________________	知识点作用：
2. 简述计时工资制下，月应付工资的计算办法。 ____________________ ____________________ ____________________	知识点作用：
3. 根据我国税法规定，列举我国企业可能缴纳税费的种类(至少列举 15 种)。 ____________________ ____________________ ____________________	知识点作用：

训　练	评价与反思
4. 简述增值税征税对象和纳税人。 ____________________ ____________________ ____________________ ____________________	知识点作用：
5. 简述消费税征税对象（列举部分税目即可）和纳税人。 ____________________ ____________________ ____________________ ____________________	知识点作用：
二、单项选择题 1．预收账款不多的企业，可将预收账款并入（　　）科目核算。 A．预付账款　　B．应付账款 C．应收账款　　D．其他应收款	☺ □　☹ □ 依据知识点：______ __________
2．对应付账款的入账时间说明正确的是（　　）。 A．未收到发票的，以收到入库单的时间为应付账款入账时间 B．收到发票的，以收到入库单的时间为应付账款入账时间 C．未收到发票和入库单的，以购销合同约定的交货时间为应收账款入账时间 D．仅收到发票的，以收到发票的时间为应付账款入账时间	☺ □　☹ □ 依据知识点：______ __________ __________
3．应付商业承兑汇票到期，本企业无力支付票款，按应付票据的账面余额借记“应付票据”科目，贷记（　　）科目。 A．短期借款　　B．应付账款 C．其他应付款　　D．营业外收入	☺ □　☹ □ 依据知识点：______ __________

训　　练	评价与反思
4．企业用银行承兑汇票结算，到期银行存款余额不足支付的，不足支付部分应贷记（　　）科目。 A．短期借款　　B．应付账款 C．其他应付款　　D．财务费用	☺ □　☹ □ 依据知识点：________ ____________
5．企业无法支付的应付账款，应将其计入（　　）。 A．主营业务收入 B．其他应付款 C．营业外收入 D．其他业务收入	☺ □　☹ □ 依据知识点：________ ____________
6．某企业购入原材料一批，货款 200 000 元，增值税税额 26 000 元，对方代垫运输费 6 000 元及相关增值税税额 540 元。款项均未支付。那么，本项业务应付账款的入账价值为（　　）元。 A．232 540　　B．240 660 C．206 000　　D．226 000	☺ □　☹ □ 依据知识点：________ ____________ ____________
7．关于企业职工薪酬的说法错误的是（　　）。 A．职工薪酬包括医疗保险费、养老保险费、失业保险费、工伤保险费等社会保险费 B．职工薪酬包括工会经费和职工教育经费 C．职工薪酬包括因解除与职工的劳动关系给予的补偿 D．职工薪酬包括退休人员工资	☺ □　☹ □ 依据知识点：________ ____________ ____________
8．非货币性福利不包括（　　）。 A．以自产产品发放给职工作为福利 B．将企业拥有的资产无偿提供给职工使用 C．为职工无偿提供医疗保健服务发生的支出 D．工会组织活动发生的支出	☺ □　☹ □ 依据知识点：________ ____________
9．“应付职工薪酬”科目应按（　　）设置明细科目进行明细核算。 A．员工姓名　　B．职工类别 C．行政级别　　D．薪酬项目	☺ □　☹ □ 依据知识点：________ ____________

训 练	评价与反思
10．生产产品工人的职工薪酬，计入（ ）。 A．生产成本 B．劳务成本 C．建造成本 D．研发成本	☺ □ ☹ □ 依据知识点：________ ________________
11．企业工程建设人员的职工薪酬，计入（ ）。 A．生产成本 B．劳务成本 C．在建工程 D．研发成本	☺ □ ☹ □ 依据知识点：________ ________________
12．（ ）的说法是错误的。 A．生产职工的薪酬，计入产品成本 B．工程建设人员的职工薪酬，计入建造固定资产成本 C．销售人员的职工薪酬，计入销售费用 D．工程建设人员的职工薪酬，计入当期损益	☺ □ ☹ □ 依据知识点：________ ________________
13．我国企业职工社会保险不包括（ ）。 A．基本养老保险 B．基本医疗保险 C．教育保险 D．工伤保险	☺ □ ☹ □ 依据知识点：________ ________________
14．关于职工薪酬项目所得，税前扣除标准的说法正确的是（ ）。 A．企业发生的职工福利费支出，不超过工资薪金总额14%的部分，准予扣除 B．企业拨交的工会经费，不超过工资薪金总额 2%的部分，准予扣除 C．除国务院财政、税务主管部门另有规定外，企业发生的职工教育经费支出，不超过工资薪金总额 2.5%的部分，准予扣除 D．除国务院财政、税务主管部门另有规定外，企业发生的职工教育经费支出，不超过工资薪金总额 8%的部分，准予扣除；超过部分，准予在以后纳税年度结转扣除	☺ □ ☹ □ 依据知识点：________ ________________ ________________ ________________ ________________ ________________ ________________

训　　练	评价与反思
15．A 企业为企业管理人员发放非货币性福利，领用企业自产产品一批。该产品的账面成本 42 000 元，市场价格 63 000 元，增值税税率 13%。A 企业就该事项应确认的应付职工薪酬为（　　）元，应结转的成本则为（　　）元。 A．52 710，42 000 B．42 000，52 710 C．71 190，42 000 D．63 000，42 000	☺ □　　☹ □ 依据知识点：________ ________________ ________________ ________________
16．企业以其自产产品作为非货币性福利发放给职工的，应当按照该产品的（　　），计入应付职工薪酬。 A．市场价格和按市场价格计算的增值税 B．生产成本和按市场价格计算的增值税 C．市场价格和按成本价格计算的增值税 D．市场价格	☺ □　　☹ □ 依据知识点：________ ________________ ________________
17．分配发生的工会经费，借方不可能涉及（　　）科目核算。 A．管理费用 B．财务费用 C．制造费用 D．销售费用	☺ □　　☹ □ 依据知识点：________ ________________
18．企业确认的辞退福利，应当记入的科目是（　　）。 A．生产成本 B．制造费用 C．管理费用 D．营业外支出	☺ □　　☹ □ 依据知识点：________ ________________
19．属于增值税小规模纳税人征收率的是（　　）。 A．13% B．9% C．6% D．3%	☺ □　　☹ □ 依据知识点：________ ________________

训　　练	评价与反思
20．某小规模纳税人企业，本期购入原材料，取得增值税专用发票。发票记载原材料价款 22 500 元，增值税税额 3 825 元。该企业当期销售收入 78 750 元，增值税税额 2 362.50 元，则该企业当期应该缴纳的增值税税额为（　　）元。 A．632.55　　B．4 038.47 C．4 725　　D．2 362.50	☺□　☹□ 依据知识点：________ ________ ________
21．缴纳上月未缴的增值税，应通过（　　）科目核算。 A．应交税费——应交增值税（转出未交增值税） B．应交税费——未交增值税 C．应交税费——应交增值税（转出多交增值税） D．应交税费——应交增值税（已交税金）	☺□　☹□ 依据知识点：________ ________ ________
22．甲企业为增值税一般纳税人，因管理不善导致毁损库存原材料一批。该批原材料实际成本 40 万元，保险公司赔偿 30 万元。该企业适用的增值税税率 13%，则毁损原材料应转出的进项税额是（　　）万元。 A．4　　B．5 C．5.1　　D．5.2	☺□　☹□ 依据知识点：________ ________ ________
23．一般纳税人企业收购用于 13%税率产品的免税农产品一批。收购发票显示，实际收购价款 30 000 元。另取得运输企业开来的增值税专用发票，支付运费 1 000 元，增值税税额 90 元。那么，应记入“应交税费——应交增值税（进项税额）”科目的金额为（　　）元。 A．3 130　　B．3 090 C．4 090　　D．4 100	☺□　☹□ 依据知识点：________ ________ ________
24．某执行《小企业会计准则》的增值税一般纳税人，2021 年应缴各种税金为增值税 350 万元、消费税 150 万元、城市维护建设税 35 万元、教育费附加 15 万元、房产税 10 万元、车船使用税 5 万元、所得税 250 万元，则上述各项税金应记入“税金及附加”科目的金额为（　　）万元。 A．565　　B．215 C．815　　D．465	☺□　☹□ 依据知识点：________ ________ ________

训　练	评价与反思
25．某一般纳税人企业将外购的原材料用于不动产在建工程，则其增值税应（　　）。 A．作为销项税额处理 B．作为进项税额转出处理，并将进项税额计入在建工程成本 C．不需要处理，进项税额仍可抵扣当期销项税额 D．计入在建工程成本	☺ □　☹ □ 依据知识点：________
26．委托其他单位加工应税消费品，收回应税消费品继续加工的，应将受托加工单位代收代缴的消费税记入（　　）。 A．“应交税费——应交消费税”科目的借方 B．“应交税费——应交消费税”科目的贷方 C．“委托加工物资”科目的借方 D．“税金及附加”科目的借方	☺ □　☹ □ 依据知识点：________
27．企业销售应税消费品所缴纳的消费税，应通过（　　）科目核算。 A．主营业务成本　　B．税金及附加 C．营业费用　　D．管理费用	☺ □　☹ □ 依据知识点：________
28．城市维护建设税的计税依据是（　　）。 A．实际缴纳的增值税税额 B．实际缴纳的消费税税额 C．实际缴纳的所得税税额 D．实际缴纳的增值税、消费税税额	☺ □　☹ □ 依据知识点：________
29．某企业本期应缴房产税3万元，应缴土地使用税2万元，应缴印花税1万元，则本期记入“应交税费”科目的金额是（　　）万元。 A．5　　B．6 C．15　　D．16	☺ □　☹ □ 依据知识点：________

训　练	评价与反思
30．企业采用简易计税办法，则购进材料时，该材料负担的增值税税额应当计入（　　）。 A．应交税费——应交增值税 B．税金及附加 C．材料的采购成本 D．营业外支出	☺ □　☹ □ 依据知识点：________ ________ ________
31．某企业本期实际应缴纳增值税 200 000 元，消费税 300 000 元，土地增值税 100 000 元。该企业适用的城市维护建设税税率为 7%，则该企业应缴的城市维护建设税税额为（　　）元。 A．21 000 B．35 000 C．42 000 D．28 000	☺ □　☹ □ 依据知识点：________ ________ ________
32．企业应缴资源税，则应通过（　　）科目计入当期损益。 A．制造费用 B．生产成本 C．主营业务成本 D．税金及附加	☺ □　☹ □ 依据知识点：________ ________
33．A 公司 6 月份发生以下经济业务：建造办公楼领用库存原材料，成本 10 000 元，原材料购入时支付的增值税税额 1 300 元；因管理不善毁损原材料一批，其实际成本 20 000 元，经确认损失材料的增值税税额 2 600 元。那么，A 公司 6 月份记入“应交税费——应交增值税（进项税额转出）”科目的金额为（　　）元。 A．1 300　　B．3 900 C．10 000　　D．2 600	☺ □　☹ □ 依据知识点：________ ________ ________
34．某企业 3 月份销售应税货物缴纳增值税 34 万元，消费税 22 万元，企业所得税 4 万元。已知该企业所在地使用的教育费附加征收率为 3%，则该企业 3 月份应缴纳的教育费附加的金额为（　　）万元。 A．1.8　　B．1.02 C．3.22　　D．1.68	☺ □　☹ □ 依据知识点：________ ________ ________

训　练	评价与反思
三、多项选择题 1．应付票据是指企业购买商品和接受劳务等开出、承兑的（　　）。 A．银行本票　B．银行汇票 C．商业承兑汇票　D．银行承兑汇票	☺ □　☹ □ 依据知识点：______
2．应通过“其他应付款”科目核算的有（　　）。 A．应付的租入包装物租金 B．应付的社会保险费 C．应付的客户存入保证金 D．应付的经营租入固定资产租金	☺ □　☹ □ 依据知识点：______
3．企业职工薪酬包括（　　）。 A．职工工资、奖金、津贴和补贴 B．失业保险费 C．住房公积金 D．因解除与职工的劳动关系给予的补偿	☺ □　☹ □ 依据知识点：______
4．下列说法不正确的有（　　）。 A．计算日工资率时，月平均法定工作日数可以选择按 30 日或 20.83 日计算 B．按 30 日计算的日工资率，计算缺勤天数时，应包括病事假缺勤期间的节假日天数 C．按 20.83 日计算的日工资率时，不应包括缺勤期间的节假日天数 D．无论按 30 日或是 20.83 日计算日公资率，缺勤天数均应包括请假期间节假日天数	☺ □　☹ □ 依据知识点：______
5．下列说法正确的有（　　）。 A．企业用其自产产品作为非货币性福利发放给职工的，应当根据受益对象，按照该产品的销售价格，计入相关成本或费用，同时确认应付职工薪酬 B．将企业拥有的房屋等资产无偿提供给职工使用的，应当根据受益对象，将该住房每期应计提的折旧计入相关成本或费用，同时确认应付职工薪酬 C．租赁住房等资产供职工无偿使用的，应当根据受益对象，将每期应付的租金计入相关成本或费用，并确认应付职工薪酬 D．企业外购物资发给职工的，应按采购成本和支付的相关税费确认应付职工薪酬	☺ □　☹ □ 依据知识点：______

训　　练	评价与反思
6．企业销售商品缴纳的各项税费，应记入“税金及附加”科目的有（　　　）。 A．消费税 B．增值税 C．教育费附加 D．城市维护建设税	☺ □　　☹ □ 依据知识点：________ ________________ ________________
7．不同应税行为增值税税率不同，我国现行增值税税率有（　　　）等几档。 A．13%　　　　B．9% C．11%　　　　D．6%	☺ □　　☹ □ 依据知识点：________ ________________
8．消费税的计算征收方式有（　　　）。 A．从量定率 B．从量定额 C．从价定量 D．从价定率	☺ □　　☹ □ 依据知识点：________ ________________
9．一般纳税人能作为当期进项税额的有（　　　）。 A．从销售方取得的增值税专用发票上注明的增值税税额 B．从海关取得的完税凭证上注明的增值税税额 C．购进免税农产品准予抵扣的进项税额 D．从运输单位取得的增值税专用发票上注明的增值税税额	☺ □　　☹ □ 依据知识点：________ ________________ ________________
10．一般纳税人企业在购入资产时不能抵扣进项税的有（　　　）。 A．购入生产用设备 B．购入生产用原材料 C．购入用于集体福利的物资 D．购入餐饮服务	☺ □　　☹ □ 依据知识点：________ ________________ ________________

训　　练	评价与反思
11．各项税金中，构成相关资产成本的有（　　　）。 A．用于直接出售的委托加工应税消费品由受托方代收代缴的消费税 B．用于连续生产的委托加工应税消费品由受托方代收代缴的消费税 C．用于在建厂房工程的库存原材料已支付的增值税进项税额 D．小规模纳税人采购货物支付的增值税	☺ □　☹ □ 依据知识点：＿＿＿＿
12．一般纳税人的业务中，应作为增值税进项税额转出的有（　　　）。 A．非正常损失不动产 B．非正常损失存货 C．工程项目领用本企业产成品 D．以产成品对外投资	☺ □　☹ □ 依据知识点：＿＿＿＿
13．应视同销售计算销项税额的有（　　　）。 A．购入货物发生非正常损失 B．将自产货物用于建筑物建造 C．将自产货物用于对外投资 D．将自产货物委托他人代销	☺ □　☹ □ 依据知识点：＿＿＿＿
14．税费中应计入有关存货成本的有（　　　）。 A．一般纳税人进口货物缴纳的增值税 B．一般纳税人进口货物缴纳的关税 C．一般纳税人收购农产品支付全部价款 D．小规模纳税人购进货物支付的增值税	☺ □　☹ □ 依据知识点：＿＿＿＿
15．应借记“税金及附加”科目的有（　　　）。 A．处置无形资产支付的增值税 B．销售商品收到的增值税 C．销售应税产品应缴的资源税 D．销售应税消费品应缴的消费税	☺ □　☹ □ 依据知识点：＿＿＿＿

训　　练	评价与反思
四、判断题 1. 职工薪酬是指为获得职工提供的服务而给予职工各种形式的报酬和其他相关支出。（　）	☺ ☐　☹ ☐ 依据知识点：________ ________________
2. 计时工资计算日工资率可以采用的月平均法定工作日数有 30 天和 20.83 天两种。（　）	☺ ☐　☹ ☐ 依据知识点：________ ________________
3. 我国的社会保险包括基本养老社会保险、基本医疗社会保险、失业保险，俗称三险，连同住房公积金，全称“三险一金”。（　）	☺ ☐　☹ ☐ 依据知识点：________ ________________
4. 企业发生的职工福利费不超过工资薪金总额 14%的部分允许在所得税前扣除，超出部分不得扣除。（　）	☺ ☐　☹ ☐ 依据知识点：________ ________________
5. 支付工会经费和职工教育经费用于工会活动与职工培训，借记“其他应收款”科目，贷记“银行存款”等科目。（　）	☺ ☐　☹ ☐ 依据知识点：________ ________________
6. 企业将自产或委托加工的货物用于职工福利，应按货物成本计算应付职工薪酬金额，计入相关成本费用。（　）	☺ ☐　☹ ☐ 依据知识点：________ ________________

训　　练	评价与反思
7．企业自产的产成品发生非正常损失在增值税纳税申报时，应视同销售处理。（　）	☺ □　☹ □ 依据知识点：________ ________________
8．企业出售固定资产应缴的增值税，应列入利润表的“税金及附加”项目。（　）	☺ □　☹ □ 依据知识点：________ ________________ ________________
9．小规模纳税人企业购进货物取得增值税专用发票，可将支付的进项税额抵扣销项税额。（　）	☺ □　☹ □ 依据知识点：________ ________________ ________________
10．月度终了，一般纳税人企业转出多缴增值税或未缴增值税，应借记或贷记“应交税费——未交增值税”科目。（　）	☺ □　☹ □ 依据知识点：________ ________________ ________________
11．本月缴纳上月应缴增值税，借记“应交税费——应交增值税（已交税金）”科目，贷记“银行存款”科目。（　）	☺ □　☹ □ 依据知识点：________ ________________ ________________

训　　练	评价与反思
12．企业按规定计算出应缴的教育费附加，借记“税金及附加”科目，贷记“应交税费——应交教育费附加”科目。实际上缴时，借记“应交税费——应交教育费附加”科目，贷记“银行存款”科目。（　）	☺ □　☹ □ 依据知识点：________ ________________ ________________
13．企业应缴的各种税金，都通过“应交税费”科目核算。（　）	☺ □　☹ □ 依据知识点：________ ________________ ________________
14．委托加工的应税消费品收回后直接用于销售的，委托方应将受托方代收代缴的消费税计入委托加工应税消费品的成本。（　）	☺ □　☹ □ 依据知识点：________ ________________ ________________
15．企业只有在对外销售消费税应税产品时才应缴纳消费税。（　）	☺ □　☹ □ 依据知识点：________ ________________ ________________
16．企业以自产的产品对外捐赠，由于会计核算时不做销售处理，因此不需要缴纳增值税。（　）	☺ □　☹ □ 依据知识点：________ ________________ ________________

训　练	评价与反思
17. 某企业为小规模纳税人，销售产品一批，销售价格 40 000 元，增值税税率 3%，则该批产品应缴增值税税额为 1 200 元。（　）	☺ □　☹ □ 依据知识点：________ ________ ________
18. 公司向职工发放自产产品作为福利，同时要根据相关税收规定，视同销售计算增值税销项税额。（　）	☺ □　☹ □ 依据知识点：________ ________ ________
19. 小规模纳税企业只需要在“应交税费”科目下设置“应交增值税”三栏明细账，不需要在“应交增值税”明细账中设置专栏。（　）	☺ □　☹ □ 依据知识点：________ ________ ________

应用训练

训　练	评价与反思
1. 一般纳税人旨华公司发生以下业务。**要求**：根据资料进行相关财务处理。 （1）3 月 6 日，从李太白公司购入 A 材料一批。取得的增值税专用发票上注明价款 70 000 元，增值税税额 9 100 元。原材料已验收入库。款项尚未支付，合同约定的信用条件为“2/10，1/20，n/30”，折扣基数为价格。 ________ ________ ________	业务类型判断： ________ 训练结果： ☺ □　☹ □ 收获：________ ________ ________

训　　练	评价与反思
（2）3 月 10 日，收到李太白公司按约定结算的付款。 （3）3 月 11 日，预收长江公司订金 200 000 元。存入银行。 （4）3 月 16 日，向长江公司发出甲产品 2 000 件，每件售价 210 元，价款 420 000 元，增值税税额 54 600 元。	

训　　练	评价与反思
（5）3 月 22 日，从丰城公司购入 B 材料一批，价款 200 000 元，增值税税额 26 000 元。B 材料验收入库，以期限为 3 个月的商业承兑汇票结算货款。 ______ ______ ______ ______ ______ （6）3 月 30 日，收到长江公司汇入银行的前购货余款。 ______ ______ ______ ______ ______ （7）6 月 22 日，承兑的丰城公司商业汇票到期，支付货款。 ______ ______ ______ ______ ______	

训　练	评价与反思
2．合龙公司所在地政府规定，企业按照工资薪酬总额的20%、12%（含生育保险）、2%、1%和7%的比例缴存基本养老保险、基本医疗保险、失业保险、工伤保险和住房公积金。合龙公司的工会经费按实际拨付金额分配，职工教育经费和职工福利费按实际发生额分配。 以下为合龙公司发生的与工资、资金相关的业务。**要求**：进行相关账务处理。 （1）2 月 28 日，公司计算分配当月工资薪酬。其中，甲产品生产工人工资 40 000 元；车间管理人员工资 10 000 元；专职销售人员工资 30 000 元；行政管理部门人员工资 20 000 元。 __________ （2）2 月 28 日，编制社会保险、住房公积金计算分配表，公司计算分配当月社会保险、住房公积金。 __________ （3）编制相关分配表，分配当月发生的职工福利费 14 000 元、工会经费 2 000 元、职工教育经费 2 500 元。 __________	业务类型判断： __________ 训练结果： ☺ □　　☹ □ 收获：__________

训　练	评价与反思
（4）3 月 15 日，通过银行代发工资。应发工资 100 000 元，代扣个人所得税 1 240 元，代扣个人缴纳的职工基本养老保险 2 000 元、基本医疗保险 2 000 元、失业保险 1 000 元、住房公积金 5 000 元。 （5）3 月 16 日，通过银行转账方式，公司向当地社会保险部门和住房公积金管理中心缴纳 2 月份社会保险及住房公积金。	
3．海达公司为部门经理级别以上职工提供汽车免费使用。公司总部共有部门经理以上职工 25 名，每人提供一辆轿车免费使用，每辆轿车每月计提折旧 500 元。**要求**：进行计提汽车折旧、分配折旧的账务处理。	业务类型判断： 训练结果： ☺ □　　☹ □ 收获：

训　　练	评价与反思
4. 胜华公司是一家彩电生产企业，有职工200名。其中，一线生产工人170名；总部管理人员30名。公司决定以其生产的液晶彩色电视机作为个人福利发放给职工。该彩色电视机单位成本10 000元，单位计税价格14 000元，适用的增值税税率13%。**要求**：进行相关账务处理。	业务类型判断： 训练结果： ☺ □　　☹ □ 收获：

实践训练

训　　练	评价与反思
1. 方远有限责任公司是一家专门生产吉利汽车线束的企业，有一个基本生产车间，有一个小型的施工队，设有独立的研发部门和销售部门。该企业只生产一种型号为TT649的线束产品，目前企业研究的项目均处于研究阶段，不符合资本化条件。 **要求**：根据图7.1，进行以下项目的账务处理。	☺ □　　☹ □ 处理依据：

工资汇总表

2021年5月

类别	岗位工资	奖金	…	缺勤扣款	应付工资	代扣代缴						实发工资	企业支付					
						个税	养老保险	医疗保险	失业保险	社保小计	住房公积		养老保险	医疗保险	失业保险	工伤保险	小计	住房公积金
生产人员小计	70000	13030		500	129000	7000	10320.00	2580.00	258.00	13158.00	15480.00	93362.00	25800.00	13932.00	1290.00	645.00	41667.00	15480.00
生产管理小计	15750	2690		170	68809	1400	5504.72	1376.18	137.62	7018.52	8257.08	52133.40	13761.80	7431.37	688.09	344.05	22225.31	8257.08
行政管理小计	21200	3125			765841	1700	61267.28	15316.82	1531.68	78115.78	91900.92	594124.30	153168.20	82710.83	7658.41	3829.21	247366.64	91900.92
销售人员小计	3000	5565			45760	850	3660.80	915.20	91.52	4667.52	5491.20	34751.28	9152.00	4942.08	457.60	228.80	14780.48	5491.20
工程人员小计	14680	4340		120	22000	955	1760.00	440.00	44.00	2244.00	2640.00	16161.00	4400.00	2376.00	220.00	110.00	7106.00	2640.00
研发人员小计	6550	3330			77000	800	6160.00	1540.00	154.00	7854.00	9240.00	59106.00	15400.00	8316.00	770.00	385.00	24871.00	9240.00
总计	131180	32080		790	1108410	12705	88672.80	22168.20	2216.82	113057.82	133009.20	849637.98	221682.00	119708.28	11084.10	5542.05	358016.43	133009.20

图7.1

训　　练	评价与反思
扫描右侧二维码，可获得上表清晰大图。 清晰大图 （1）分配 5 月份工资。 （2）银行代转账形式发放工资。 （3）代扣职工负担的各项扣款。 （4）分配企业负担的社会保险费。 （5）分配企业负担的住房公积金。	

训　　练	评价与反思
（6）缴纳社会保险费。	
（7）缴纳住房公积金。	
（8）缴纳个人所得税。	
2. 甲股份有限公司为增值税一般纳税人，增值税税率 13%，原材料采用实际成本核算。该公司 7 月份“应交增值税——未交增值税”账户余额 140 000 元。8 月发生下列业务。**要求：**根据资料进行账务处理（含登记相关明细账）。 （1）1 日，开具支票购入原材料一批。增值税专用发票上列示价款 200 000 元、增值税税额 26 000 元。材料尚未到达。	☺ □　　☹ □ **处理依据：**

训　练	评价与反思
（2）2 日，开具支票购进一批免税农产品作为生产适用税率13%产品的原材料，实际支付 66 000 元（符合抵扣条件）。材料已验收入库。	
（3）6 日，1 日所购原材料运到并验收入库。取得的增值税专用发票上注明运费金额 32 000 元、增值税税额 2 880 元。款项用银行存款支付。	
（4）8 日，用银行存款支付上月应缴增值税税额 140 000 元。	
（5）9 日，收到乙企业投资的原材料。双方协议作价 1 130 000 元（全部作为实收资本），增值税专用发票上注明价款 1 000 000 元、增值税税额 130 000 元。原材料已运到并验收入库。	

训　　练	评价与反思
（6）11 日，收到某公司捐赠的低值易耗品一批，增值税专用发票上注明价款 24 000 元，增值税税额 3 120 元。	
（7）13 日，购入不需安装新设备 2 台，增值税专用发票上注明价款 200 000 元，增值税税额 26 000 元。用银行存款支付。	
（8）14 日，销售 A 产品一批。开具的增值税专用发票上注明价款 1 000 000 元，增值税税额 130 000 元。货款已收。	

训　　练	评价与反思
（9）29日，公司盘亏A产品一批，成本20 000元，属于非正常损失，经过计算，其所耗用的原材料的进项税额为2 600元。 ______________________ ______________________ ______________________	______________ ______________ ______________ ______________ ______________

根据业务资料填写“应交税费——应交增值税”明细账（见图7.2）和“应交税费——未交增值税”明细账（见图7.3）。

应交增值税明细账

年		凭证		摘要	借方					贷方				借或贷	余额
					进项税额	已交税金	减免税款	出口抵减内销产品应纳税额	转出未交增值税	销项税额	进项税额转出	出口退税	转出多交增值税		
月	日	种类	号数		千百十万千百十元角分	千百十万千百十元角分	千百十万千百十元角分	千百十万千百十元角分	千百十万千百十元角分	千百十万千百十元角分	千百十万千百十元角分	千百十万千百十元角分	千百十万千百十元角分		千百十万千百十元角分

图 7.2

应交税费明细账

明细科目：未交增值税

年		凭证		摘要	借方										贷方										借或贷	余额										√
月	日	种类	号数		千	百	十	万	千	百	十	元	角	分	千	百	十	万	千	百	十	元	角	分		千	百	十	万	千	百	十	元	角	分	
																									贷											

图 7.3

模块八
银行借款核算能力训练

在线测试

认知、思辨和职业能力训练

训　　练	评价与反思
一、简答题 1．简述企业银行贷款的分类，比较它们的异同。	知识点作用：
2．简述长期借款费用确认为资产成本或费用的原则。	知识点作用：

训　练	评价与反思
二、单项选择题 1.《小企业会计准则》规定，短期借款所发生的利息，应当通过（　　）科目计入当期损益。 A. 管理费用　　B. 投资收益 C. 营业外支出　　D. 财务费用	☺ □　☹ □ 依据知识点：______
2. 企业应付未付的短期借款利息，应贷记（　　）科目。 A. 短期借款　　B. 管理费用 C. 应付利息　　D. 财务费用	☺ □　☹ □ 依据知识点：______
3. 短期借款核算时不涉及的科目有（　　）。 A. 管理费用　　B. 财务费用 C. 应付利息　　D. 银行存款	☺ □　☹ □ 依据知识点：______
4. 执行《小企业会计准则》的企业，分期计息、到期一次还本的长期借款的应付未付利息，应记入（　　）科目。 A. 应付账款　　B. 应付利息 C. 长期借款　　D. 其他应付款	☺ □　☹ □ 依据知识点：______

训　练	评价与反思
5. 某企业按月计提利息，某年4月1日该企业从银行借入期限1年、年利率9%的贷款1 000 000元。贷款合同约定每季度末向银行支付短期借款利息，则6月末支付利息时应当做的账务处理可能是（　　）。 A. 借：财务费用　7 500 　　应付利息　7 500 　　贷：银行存款　15 000 B. 借：财务费用　7 500 　　应付利息　15 000 　　贷：银行存款　22 500 C. 借：财务费用　7 500 　　贷：银行存款　7 500 D. 借：管理费用　22 500 　　贷：银行存款　22 500	☺ □　☹ □ 依据知识点：______
6. 长期借款所发生的利息支出，可能借记的科目是（　　）。 A. 销售费用　B. 营业外支出 C. 在建工程　D. 管理费用	☺ □　☹ □ 依据知识点：______
7. 执行《小企业会计准则》的企业，借款利息资本化处理描述准确的是（　　）。 A. 为购建固定资产借入长期借款的利息，应当全部计入资产成本 B. 生产周转用短期借款利息，应当计入生产产品成本 C. 为购建固定资产借入的长期借款，在竣工结算前发生的利息，应当计入资产成本 D. 为购建固定资产借入的长期借款，在竣工结算后发生的利息，应当计入资产成本	☺ □　☹ □ 依据知识点：______
8. 为购建固定资产借入长期借款，固定资产办理竣工结算以后计算的应付利息，应（　　）。 A. 借记“在建工程”科目，贷记“应付利息”科目 B. 借记“管理费用”科目，贷记“应付利息”科目 C. 借记“销售费用”科目，贷记“应付利息”科目 D. 借记“财务费用”科目，贷记“应付利息”科目	☺ □　☹ □ 依据知识点：______

训　　练	评价与反思
9．2020 年 7 月 1 日，企业从银行借入款项 4 000 000 元，用于支付购置生产线款项。该借款偿还期限 3 年，年利率 9%。该生产线于 2020 年 7 月 1 日开始安装调试，2021 年 6 月 30 日完成安装工作，则 2021 年该贷款应资本化的利息费用为（　　）元。 A．1 080 000　　B．180 000 C．360 000　　D．720 000	☺ □　☹ □ 依据知识点：________ ________________ ________________
10．某企业为购置某生产设备从银行借入 300 万元，偿还期限 2 年，年利率 8%。经过 15 个月的安装，该设备通过验收，投入使用。企业于借款到期时一次还本付息，则该借款费用影响损益总额为（　　）。 A．48 万元　　B．30 万元 C．18 万元　　D．42 万元	☺ □　☹ □ 依据知识点：________ ________________ ________________
11．B 企业 2020 年 1 月 1 日从银行借入 3 年期长期借款 500 万元，借款利率 6%，借款期限 3 年，每年年末偿还借款利息。此项借款的用途为建造厂房，厂房于 2021 年 1 月 1 日完工。工程决算造价共计 480 万元，则该厂房的入账价值为（　　）万元。 A．480　　B．540 C．570　　D．510	☺ □　☹ □ 依据知识点：________ ________________ ________________
二、多项选择题 1．企业为购置固定资产借入的长期借款，在所购置的固定资产竣工之前发生的借款利息，应（　　）。 A．借记“财务费用”科目　　B．贷记“长期借款”科目 C．借记“在建工程”科目　　D．贷记“应付利息”科目	☺ □　☹ □ 依据知识点：________ ________________ ________________
2．企业发生的利息支出，可能计入财务费用的有（　　）。 A．短期借款利息 B．为在建工程借入长期借款竣工前发生的利息 C．为在建工程借入长期借款竣工后发生的利息 D．工程在建期间的长期借款利息	☺ □　☹ □ 依据知识点：________ ________________ ________________

训　　练	评价与反思
三、判断题 1．企业短期借款的利息通过“短期借款”科目核算。（　）	☺ □　☹ □ 依据知识点：________
2．企业短期借款的利息一律在实际支付利息时计入当期损益。（　）	☺ □　☹ □ 依据知识点：________
3．执行《小企业会计准则》的企业，为购建固定资产而专门借入的款项，其所发生的利息，在所购建的固定资产竣工结算之前发生的，应当在发生时予以资本化。（　）	☺ □　☹ □ 依据知识点：________
4．执行《小企业会计准则》企业的长期借款利息费用，应当在资产负债表日按照合同利率确定。（　）	☺ □　☹ □ 依据知识点：________

应用训练

训　练	评价与反思
1. 庆生公司因生产经营的临时需要，2 月 1 日从市工行开发支行取得一笔为期 6 个月的借款 40 万元，利率 6%，借款利息按月计提，到期支付。 **要求：**进行借入短期借款、计提利息、到期还本付息的账务处理。	业务类型判断： 训练结果： ☺ □　☹ □ 收获：
2. 超速公司于 20×1 年 7 月 1 日从银行借入资金 500 万元，借款期限 2 年，年利率 7.2%。借款合同约定，该借款利息于每年年末支付，到期时归还本金及最后一年利息。公司于取得借款当日全部投入固定资产购建项目，购建的固定资产于 20×2 年末竣工投入使用，工程总造价 550 万元。 **要求：**进行借入长期借款、计提利息、工程完工交付使用、到期还本付息的账务处理。	业务类型判断： 训练结果： ☺ □　☹ □ 收获：

训　练	评价与反思
3. 路通公司为改扩建工程，本年1月1日从银行取得3年期借款800万元。合同规定利率为9.6%，按年付息，到期还本。借款于本年1月1日投入改扩建工程建设之中。该工程当年9月末竣工投入使用。 **要求：**进行相应的账务处理。	业务类型判断： 训练结果： ☺□　☹□ 收获：

实践训练

训　　练	评价与反思
正太公司 2020 年 6 月开始建设一所厂房。同月，为建设该厂房正太公司从银行借款 110 万元。该厂房到 2021 年 8 月底竣工，交付使用。**要求**：编制指定日期的利息计算表，并根据图 8.1 所示的原始凭证编制 2020 年 12 月计提利息、2021 年 8 月计提利息、2021 年 12 月计提利息相关的记账凭证，填写图 8.2 至图 8.4。	☺ □　　☹ □ 处理依据：__________ ____________________ ____________________

中国工商银行 借 款 借 据　第一联 借据回单

银行编号：10200010　借款日期：2020 年 06 月 01 日　№ 5970

借款单位名称	正太有限责任公司	放款账号	4452606461228451	利率	9.6%	
		存款账号	3807926891385862592			
借款金额（大写）	壹佰壹拾万元整	千百十万千百十元角分	¥ 1 1 0 0 0 0 0 0 0			
约定还款日期	2022 年 06 月 01 日	借款种类	抵押借款	借款合同号码	44759340	
实际放款日期	2020 年 06 月 01 日					
借款直接用途	1. 厂房建设	4.	还款记录	年 月 日	还款金额	余额
	2.	5.				
	3.	6.				
根据签订的借款合同和你单位申请借款用途，经审查同意发放上列金额贷款。 中国工商银行　批准人：			（银行转账盖章） 工行北京市名群路支行 2020.06.01 转讫 2020 年 06 月 01 日			

此联退交借款单位

开户银行：工行北京市名群路支行

说明：根据借款合同，该借款到期还本，按年支付利息。

图 8.1

记账凭证

年 月 日　　　　　　记 字第 号

摘要	总账科目	明细科目	记账	借方金额										记账	贷方金额								
			√	千	百	十	万	千	百	十	元	角	分	√	千	百	十	万	千	百	十	元	角	分
合　计																								

附单据 张

财务主管　　记账　　出纳　　审核　　制单

图 8.2

记账凭证

年 月 日　　　　　　记 字第 号

摘要	总账科目	明细科目	记账	借方金额										记账	贷方金额								
			√	千	百	十	万	千	百	十	元	角	分	√	千	百	十	万	千	百	十	元	角	分
合　计																								

附单据 张

财务主管　　记账　　出纳　　审核　　制单

图 8.3

记账凭证

年 月 日　　　　　　记 字第 号

摘要	总账科目	明细科目	记账	借方金额										记账	贷方金额								
			√	千	百	十	万	千	百	十	元	角	分	√	千	百	十	万	千	百	十	元	角	分
合　计																								

附单据 张

财务主管　　记账　　出纳　　审核　　制单

图 8.4

模块九

所有者权益核算能力训练

在线测试

认知、思辨和职业判断训练

训　　练	评价与反思
一、简答题 1．简述小企业接受投资的出资方式种类，并概括说明以非现金资产出资方式的计量原则。 ______________________________ ______________________________ ______________________________	**知识点作用：**
2．简述所有者权益包括的内容。 ______________________________ ______________________________ ______________________________	**知识点作用：**
二、单项选择题 1．有限责任公司增资扩股时，新介入的投资者缴纳的投资额大于其在注册资本中所享有的份额的部分应记入的科目是（　　）。 A．实收资本　　B．资本公积 C．盈余公积　　D．未分配利润	☺ □　　☹ □ **依据知识点：**__________ ______________ ______________

训　练	评价与反思
2．股份有限公司中，股东投入资本形成企业股本的部分应记入的科目是（　　）。 A．实收资本　　B．资本公积 C．盈余公积　　D．股本	☺ □　☹ □ 依据知识点：________ ____________
3．A 企业接受某企业投入设备一套。设备账面原值 40 万元，已计提折旧 10 万元，评估确认价值 25 万元，并支付增值税税款 3.25 万元，则“实收资本”科目的入账价值为（　　）万元。 A．40　　B．30 C．25　　D．28.25	☺ □　☹ □ 依据知识点：________ ____________
4．执行《小企业会计准则》的企业，接受非现金资产的投资，应按（　　）入账。 A．投资合同或协议约定价值 B．投资单位账面价值 C．市场价格 D．评估价值	☺ □　☹ □ 依据知识点：________ ____________ ____________
5．企业接受投资者出资时，科目余额肯定不会受到影响的是（　　）。 A．实收资本　　B．资本公积 C．利润分配　　D．银行存款	☺ □　☹ □ 依据知识点：________ ____________
6．各项业务引起所有者权益增减变化的是（　　）。 A．资本公积转增资本 B．盈余公积转增资本 C．盈余公积弥补亏损 D．分配现金股利	☺ □　☹ □ 依据知识点：________ ____________
7．企业接受投资者投入的厂房一栋，该厂房原账面价值 1 000 000 元，已计提折旧 300 000 元，评估确认价值 800 000 元，相关增值税税额 72 000 元，则实收资本的入账价值为（　　）元。 A．700 000　　B．772 000 C．800 000　　D．872 000	☺ □　☹ □ 依据知识点：________ ____________

训　　练	评价与反思
8．年终，结转全年实现的净利润的会计处理应为（　　）。 A．借：本年利润 　　贷：利润分配——未分配利润 B．借：利润分配——未分配利润 　　贷：本年利润 C．借：利润分配——净利润 　　贷：利润分配——未分配利润 D．借：利润分配——未分配利润 　　贷：利润分配——净利润	☺ □　☹ □ 依据知识点：________ ________ ________ ________
9．可以转增资本的是（　　）。 A．实收资本 B．法定盈余公积 C．未分配利润 D．股权投资准备	☺ □　☹ □ 依据知识点：________ ________ ________
10．在我国，公司制企业计提法定盈余公积应按弥补亏损后净利润余额的（　　）提取。 A．5% B．10% C．25% D．50%	☺ □　☹ □ 依据知识点：________ ________ ________
三、多项选择题 1．企业的所有者可以用（　　　　）向企业投资。 A．货币资产　　B．固定资产 C．无形资产　　D．商誉	☺ □　☹ □ 依据知识点：________ ________ ________
2．投资人协议出资的出资额（　　　）注册资本。 A．可能大于　　B．可能等于 C．可能小于　　D．只能小于	☺ □　☹ □ 依据知识点：________ ________

训 练	评价与反思
3．一般企业增加资本的主要途径是（ ）。 A．接受捐赠取得的资本 B．资本公积转增资本 C．盈余公积转增资本 D．接受投资者投资	☺ □ ☹ □ 依据知识点：________ ________________
4．关于企业弥补亏损的说法正确的有（ ）。 A．5 年内的亏损可在盈利后用税前利润弥补 B．对按规定不能使用税前利润的，可用税后利润弥补 C．税后利润仍有不足弥补的，可用盈余公积弥补 D．可用资本公积来弥补	☺ □ ☹ □ 依据知识点：________ ________________ ________________
5．盈余公积可用于（ ）。 A．转增资本 B．弥补亏损 C．上缴税金 D．职工福利	☺ □ ☹ □ 依据知识点：________ ________________ ________________
四、判断题 1．不同投资者在不同时间投资同一家公司，相同金额的投资，其在企业注册资本中所享有的份额可能不同。（ ）	☺ □ ☹ □ 依据知识点：________ ________________
2．企业投资者投入的资本高于其在注册资本中享有的份额时，企业应将高出部分计入营业外收入。（ ）	☺ □ ☹ □ 依据知识点：________ ________________
3．企业在接受投资者投入非货币资产时，应当以评估价值确认资产成本。（ ）	☺ □ ☹ □ 依据知识点：________ ________________

训　　练	评价与反思
4. “未分配利润”明细账年末如果为借方余额，则表示企业历年积存的未分配利润；如果为贷方余额，则为企业历年积存的未弥补亏损。（　）	☺ □　☹ □ 依据知识点：________ ________
5. 盈余公积的计提基数为年末未分配利润数额加上实现的净利润。（　）	☺ □　☹ □ 依据知识点：________ ________

应用训练

训　　练	评价与反思
永成公司发生以下经济业务。**要求：**根据资料进行账务处理。 （1）收到甲、乙、丙 3 位股东各自以 120 万元货币出资。3 位股东的出资额全部计入注册资本，本公司注册资本共计人民币 360 万元。 ________ ________ ________ ________ （2）公司为继续扩大经营，决定接受丁公司入股。入股协议书标明丁公司以货币出资 150 万元。接受丁公司投资后，公司注册资本增加到 480 万元。 ________ ________ ________ ________	业务类型判断： ________ 训练结果： ☺ □　☹ □ 收获：________ ________ ________ ________ ________ ________ ________ ________ ________

训　练	评价与反思
（3）收到星湖公司投入一栋厂房。其账面价值 400 万元，已计提折旧 60 万元，评估确认价值 300 万元。收到星湖公司开来的增值税专用发票，厂房价款 300 万元，增值税税额 27 万元。扣除增值税后，公司注册资本增加至 600 万元。	
（4）收到 H 公司投入的一项土地使用权，双方协议确认价值 12 万元。收到 H 公司开来的增值税专用发票，发票显示该土地价款 12 万元、增值税税额 7 200 元。增资后，公司注册资本增加至 606 万元。	
（5）收到 W 公司投入原材料一批。评估确认不含税价值 100 万元，增值税专用发票上的税款 13 万元。增资后，公司注册资本增加至 706 万元。	
（6）某年末，公司实现净利润 900 000 元（结转本年利润）。	

训　　练	评价与反思
（7）按相关法规和公司决定，公司按照实现净利润的10%计提法定盈余公积、5%提取任意盈余公积。 （8）按公司有关决定，公司按净利润的20%向各股东分配利润。 （9）年末，结转未分配利润各明细账。	

实践训练

四章公司接受成才公司投资房屋一栋。根据聘请的第三方机构评估，该房屋价值 600 万元（评估报告略）。成长公司开来增值税专用发票，发票如图 9.1 所示。四章公司投资前注册资本 1 200 万元，所有者权益 1 800 万元。投资协议约定，增资后四章公司注册资本增加至 1 600 万元，成长公司享有 1/4 的表决权（投资协议略）。**要求：**编制如图 9.2 所示的记账凭证。

1100151140　北京增值税专用发票　№ 30884980　1100151140　30884980

发票联

机器编号：982888812388　开票日期：2021年08月16日

税总函[2016]××号××××公司

购买方	名　　称：四章有限责任公司 纳税人识别号：91110108M638678791 地 址、电 话：北京市乐帅路580号48266479 开户行及账号：工行北京市创旺路支行1191175757004470300	密码区	172312-4-275<1+46*54* 82*59* 181321><8182*59*09618153</ <4<3*2702-9>9*+153</0>2-3 *08/4>*>>2-3*0/9/>>25-275<1

货物或应税劳务、服务名称	规格型号	单位	数量	单价	金额	税率	税额
写字楼	开发区德胜路2225	平方米	2000	3,000.00	6,000,000.00	9%	540,000.00
合　计					¥6,000,000.00		¥540,000.00
价税合计（大写）	⊗陆佰伍拾肆万元整				（小写）¥6,540,000.00		

销售方	名　　称：成长有限责任公司 纳税人识别号：91110108M884300259 地 址、电 话：北京市成迅路299号62838615 开户行及账号：工行北京市辰建路支行4558399322923847416	备注	校验码 52118 02817 08248 65195

收款人：　复核：吴娟　开票人：黄柏　销售方：（章）

第三联：发票联　购买方记账凭证

图 9.1

记 账 凭 证

年　月　日　　　　记 字第　　号

摘要	总账科目	明细科目	记账√	借方金额										记账√	贷方金额										附单据　张
				千	百	十	万	千	百	十	元	角	分		千	百	十	万	千	百	十	元	角	分	
合　计																									

财务主管　　记账　　出纳　　审核　　制单

图 9.2

模块十
收入、费用和利润核算能力训练

在线测试

认知、思辨和职业判断训练

训　　练	评价与反思
一、简答题 1．按利润形成步骤，介绍利润构成，并列举各项内容具体组成项目。 ____________________ ____________________ ____________________	知识点作用：
2．列述各种销售形式及其销售收入的确认时间。 ____________________ ____________________ ____________________	知识点作用：
3．列举“税金及附加”科目的核算内容。 ____________________ ____________________ ____________________ ____________________	知识点作用：

训 练	评价与反思
4．列举“财务费用”科目的核算内容。 ____ ____ ____	知识点作用：
5．列举“营业外收入”和“营业外支出”科目的核算内容。 ____ ____ ____	知识点作用：
二、单项选择题 1．在发出商品时确认收入的销售行为是（　　）。 A．销售商品采用预收款方式的 B．销售商品采用托收承付方式的 C．销售商品采用分期收款方式的 D．销售商品需要安装和检验且安装比较复杂的	☺ □　☹ □ 依据知识点：________ ________________ ________________
2．处置非流动资产净收益应计入（　　）。 A．其他业务收入 B．营业外收入 C．管理费用 D．营业外支出	☺ □　☹ □ 依据知识点：________ ________________ ________________
3．实行《小企业会计准则》的企业，应计入营业外收入的是（　　）。 A．接受的捐赠 B．销售材料收入 C．提供劳务收入 D．随同商品出售单独计价的包装物	☺ □　☹ □ 依据知识点：________ ________________ ________________

训　　练	评价与反思
4．应计入产品成本的是（　　）。 A．管理费用 B．销售费用 C．制造费用 D．财务费用	☺ □　　☹ □ 依据知识点：________ ______________
5．不属于管理费用核算内容的是（　　）。 A．业务招待费 B．发生的印花税 C．行政部门办公费 D．产品广告费	☺ □　　☹ □ 依据知识点：________ ______________
6．确认销售收入后发生销售折让的，折让部分应（　　）。 A．计入销售费用 B．冲减当期收入 C．冲减本年利润 D．计入财务费用	☺ □　　☹ □ 依据知识点：________ ______________
7．对于一个会计年度内开工和完工的劳务，说法不正确的是（　　）。 A．在劳务完成且收到款项或取得收款权利时，确认提供劳务收入 B．提供劳务收入的金额为从接受劳务方已收或者应收的合同或协议价款 C．发生成本可在发生时计入生产成本科目 D．工程完工时发生的相关成本结转到营业成本	☺ □　　☹ □ 依据知识点：________ ______________ ______________ ______________
8．“劳务成本”科目与（　　）科目性质相似。 A．库存商品 B．生产成本 C．营业外支出 D．管理费用	☺ □　　☹ □ 依据知识点：________ ______________ ______________

训　　练	评价与反思
9．能确认收入实现的是（　　）。 A．采用委托收款方式销售产品，产品已发出，尚未到银行办理托收手续 B．采取预收款方式销售，在收取货款时 C．与购货方签订具有法律效力的销售合同时 D．采用委托收款方式销售，产品已发出，办妥托收手续，但销售合同附加了现金折扣条件	☺ □　　☹ □ 依据知识点：______ ______ ______
10．执行《小企业会计准则》的企业，不记入“税金及附加”科目的税金是（　　）。 A．房产税　　B．消费税 C．土地使用税　　D．增值税	☺ □　　☹ □ 依据知识点：______ ______
11．在发生时应记入“销售费用”科目的是（　　）。 A．随同产品出售，单独计价的包装物 B．生产型企业采购产品发生的运输费用 C．业务招待费 D．产品展览费	☺ □　　☹ □ 依据知识点：______ ______
12．开工和完成在同一会计期间的劳务，领用原材料时，可能的会计处理为（　　）。 A．借：生产成本 　　贷：原材料 B．借：制造费用 　　贷：原材料 C．借：劳务成本 　　贷：原材料 D．借：管理费用 　　贷：原材料	☺ □　　☹ □ 依据知识点：______ ______ ______ ______ ______
13．应确认为其他业务收入的是（　　）。 A．生产企业提供运输服务取得的收入 B．罚没款收入 C．建筑安装公司提供安装服务取得的收入 D．固定资产清理净收益	☺ □　　☹ □ 依据知识点：______ ______ ______

训　　练	评价与反思
14．企业委托其他企业代销本企业产品取得的收入应确认为（　）。 A．主营业务收入 B．其他业务收入 C．财务费用 D．投资收益	☺ □　☹ □ 依据知识点：________ ________________ ________________
15．关于企业所得税费用说法不正确的是（　　）。 A．小企业应按当期应纳税额确认所得税费用 B．当期应纳税额等于当期应纳税所得额乘以适用所得税税率 C．当期应纳税额等于当期利润总额乘以适用所得税税率 D．利润总额可以作为调整计算应纳税所得额的基础	☺ □　☹ □ 依据知识点：________ ________________ ________________
二、多项选择题 1．工业企业的收入包括（　　　）。 A．产品销售收入　　B．材料销售收入 C．固定资产出售净收益　　D．国家补贴收入	☺ □　☹ □ 依据知识点：________ ________________ ________________
2．按照《小企业会计准则》，能够确认为其他业务收入的有（　　　）。 A．出租无形资产收入 B．出售包装物收入 C．出租包装物收入 D．出售无形资产取得收益	☺ □　☹ □ 依据知识点：________ ________________ ________________
3．能够作为营业外收入的有（　　　）。 A．固定资产盘盈 B．接受捐赠 C．出租厂房收入 D．确实无法支付的应付账款	☺ □　☹ □ 依据知识点：________ ________________ ________________

训　　练	评价与反思
4. 下列影响利润总额计算结果的有（　　　）。 A. 管理费用 B. 营业外支出 C. 所得税费用 D. 税金及附加	☺ □　☹ □ 依据知识点：________ ____________ ____________
5. 下列税费发生时，记入“税金及附加”科目的是（　　　）。 A. 应缴纳的增值税 B. 应缴纳的消费税 C. 应缴纳的房产税 D. 应缴纳的企业所得税	☺ □　☹ □ 依据知识点：________ ____________ ____________
6. 收入按来源不同，可分为（　　　）。 A. 主营业务收入 B. 商品销售收入 C. 提供劳务收入 D. 让渡资产使用权收入	☺ □　☹ □ 依据知识点：________ ____________ ____________
7. 开始和完成分属不同的会计年度劳务的说法正确的有（　　　）。 A. 应当按照完工进度确认提供劳务收入 B. 年度资产负债表日，按照提供劳务收入总额乘以完工进度扣除以前会计年度累计已确认提供劳务收入后的金额，确认本年度的提供劳务收入 C. 按照估计的提供劳务成本总额乘以完工进度扣除以前会计年度累计已确认营业成本后的金额，结转本年度营业成本。 D. 结转成本时，贷记“主营业务成本”或“其他业务成本”科目	☺ □　☹ □ 依据知识点：________ ____________ ____________ ____________ ____________
8. 企业的利润总额是由（　　　）构成的。 A. 营业外收支净额 B. 营业利润 C. 所得税费用 D. 以前年度未分配利润	☺ □　☹ □ 依据知识点：________ ____________ ____________

训　练	评价与反思
9．不能确认为费用的支出有（　　　　）。 A．支付的违约罚款 B．应纳所得税 C．销售人员的职工薪酬 D．自然灾害造成的房屋损失	☺ □　☹ □ 依据知识点：________ ________________ ________________
10．作为企业的收入，应具备的特征有（　　　　）。 A．是从企业日常活动中产生的 B．可导致资产增加或负债减少，或者二者兼而有之 C．可导致企业所有者权益增加 D．与所有者投资资本无关	☺ □　☹ □ 依据知识点：________ ________________ ________________
11．以下属于管理费用的有（　　　　）。 A．银行手续费　　B．技术转让费 C．咨询费　　D．商品维修费	☺ □　☹ □ 依据知识点：________ ________________ ________________
12．能够为企业带来经济利益，但不构成收入的业务有（　　　　）。 A．销售产品　　B．接受现金捐赠 C．罚没款收益　　D．销售积压的原材料	☺ □　☹ □ 依据知识点：________ ________________ ________________
三、判断题 1．企业取得的收入主要包括主营业务收入、其他业务收入和营业外收入。（　）	☺ □　☹ □ 依据知识点：________ ________________ ________________

训　　练	评价与反思
2. 实施《小企业会计准则》的工业企业取得的设备出租收入和包装物出租收入，属于日常活动取得的收入，应作为其他业务收入核算。（　）	☺ □　☹ □ 依据知识点：________ ________________
3. 税法规定，销售商品以旧换新的，销售的商品作为商品销售处理，回收的商品作为购进商品处理。（　）	☺ □　☹ □ 依据知识点：________ ________________
4. 采用支付手续费方式委托代销商品的，在发出商品时确认收入。（　）	☺ □　☹ □ 依据知识点：________ ________________
5. 企业以前年度售出商品发生的销售退回，应当在发生销售退回的当期冲减销售商品收入。（　）	☺ □　☹ □ 依据知识点：________ ________________
6. 现金折扣是企业为鼓励债务人在规定期限内付款，而给予债务人的现金优惠。（　）	☺ □　☹ □ 依据知识点：________ ________________
7. 销售折让是企业为了扩大销售量而给予购货方的一定程度的打折。（　）	☺ □　☹ □ 依据知识点：________ ________________

训　　练	评价与反思
8．现金折扣与商业折扣的目的是相同的，只是折扣发生的时间不同。（　）	☺ □　☹ □ 依据知识点：________ ________________
9．《小企业会计准则》规定，出租、出借包装物取得的收入，应记入“其他业务收入”科目。（　）	☺ □　☹ □ 依据知识点：________ ________________
10．企业销售积压材料取得的经济利益，属于非日常活动取得的经济利益，不应作为收入来核算。（　）	☺ □　☹ □ 依据知识点：________ ________________
11．企业因违约而支付的罚款，属于费用的核算范围。（　）	☺ □　☹ □ 依据知识点：________ ________________
12．费用的发生既可能表现为资产减少，也可能表现为负债增加。（　）	☺ □　☹ □ 依据知识点：________ ________________
13．专设销售机构发生的职工薪酬，应记入“管理费用”科目。（　）	☺ □　☹ □ 依据知识点：________ ________________

训　练	评价与反思
14．销售成本应在产品出库时确认，销售收入应在收到货款时确认。　（　）	☺ □　☹ □ 依据知识点：________ ________
15．企业发生房产税、车船使用税、土地使用税、印花税时，应借记“税金及附加”科目，贷记“应交税费”科目。　（　）	☺ □　☹ □ 依据知识点：________ ________ ________
16．企业发生的现金折扣或收到的现金折扣应记入“财务费用”科目。　（　）	☺ □　☹ □ 依据知识点：________ ________ ________
17．租入固定资产的改良支出应计入固定资产成本。（　）	☺ □　☹ □ 依据知识点：________ ________ ________
18．固定资产盘盈、取得的各项罚款利得、接受捐赠等都属于企业的营业外收入。　（　）	☺ □　☹ □ 依据知识点：________ ________ ________

应用训练

训　　练	评价与反思
1. 欣宜公司为增值税一般纳税人，增值税税率 13%。经计算的欣宜公司主要库存商品的出库成本为：甲产品每件成本 40 元，乙产品每千克成本 150 元；丙产品每件成本 4 000 元。欣宜公司 8 月份发生下列经济业务。**要求**：根据资料进行账务处理。 （1）1 日，向 A 公司销售甲产品 1 000 件，单价 100 元。产品已发出，货款尚未收到。发货时用银行存款为 A 公司代垫运输费及税费 9 000 元。 （2）3 日，采用托收承付结算方式向 B 公司销售乙产品 5 000 千克，单价 400 元，增值税税额 260 000 元；销售丙产品 300 吨，单价 10 000 元，增值税税额 390 000 元。付款条件为“5/10，1/20，n/30”，折扣基数为价款。已向银行办妥托收手续。 （3）5 日，向 A 公司销售甲产品 2 000 件，单价 100 元，增值税税额 26 000 元。收到一张期限为 3 个月的商业承兑汇票，面值 226 000 元。 （4）8 日，收到 B 公司以转账支票支付 3 日购货的货款，存入银行。	业务类型判断： 训练结果： ☺ □　　☹ □ 收获：

训 练	评价与反思
（5）9 日，本月 1 日赊销给 A 公司的甲产品经 A 公司验收发现，有 10 件存在质量缺陷。A 公司要求退货，经协商，本公司同意给予 A 公司问题商品价款的 50%的销售折让。收到 A 公司转来的其所在地税务局开出的“开具红字专用发票证明”。	
（6）12 日，收到上笔 A 公司销售甲产品款项。	
（7）18 日，销售积压材料一批，售价 70 000 元，增值税税额 9 100 元。款项已收存银行。该批材料实际成本 50 000 元。	

训　练	评价与反思

（8）25 日，编制产品出库成本计算表，如图 10.1 至图 10.3 所示，结转本月已销售甲、乙、丙产品的成本。

甲产品出库汇总表

年　月　日

用　途	出库数量/件	单位成本	出库成本/元	备　注
合　计				

图 10.1

乙产品出库汇总表

年　月　日

用　途	出库数量/件	单位成本	出库成本/元	备　注
合　计				

图 10.2

丙产品出库汇总表

年　月　日

用　途	出库数量/件	单位成本	出库成本/元	备　注
合　计				

图 10.3

训　　练	评价与反思
2. 中连公司是从事安装服务的企业。某年8月，公司承接一项安装工程，预计于当月完成。具体业务如下。**要求**：根据资料进行账务处理。 （1）1日公司开始安装工程。支付技术咨询费12 000元，增值税税额720元。 （2）30日，结转安装工程领用材料成本320 000元。 （3）30日，分配安装工程人员工资260 000元。 （4）31日，安装工程完工，通过验收。取得工程款880 000元，增值税税额79 200元。 （5）31日，结转安装工程成本。	业务类型判断： 训练结果： ☺ □　　☹ □ 收获：

训　　练	评价与反思
3. 习远公司某年8月份发生下列有关费用支出的经济业务。**要求**：根据资料进行账务处理。 （1）2日，用银行存款支付技术转让费60 000元，增值税税额3 600元。 ______ ______ ______ （2）10日，用银行存款支付产品广告费100 000元，增值税税额6 000元。 ______ ______ ______ （3）12日，开具现金支票购买办公用品，价值3 000元（取得增值税普通发票）。直接由各部门领用，其中厂部使用1 200元，车间使用1 800元。 ______ ______ ______ （4）15日，销售产品领用包装物一批，实际成本8 000元。不单独计价。 ______ ______ ______	业务类型判断： ______ 训练结果： ☺ □　　☹ □ 收获：______ ______

训　　练	评价与反思
（5）18 日，用银行存款支付承兑手续费 200 元，增值税税额 12 元。	
（6）20 日，管理部门领用订书器等低值易耗品，价值 3 000 元。采用一次摊销法。	
（7）22 日，接到银行通知，转来本月银行存款利息 997 元。已转入存款户。	
（8）25 日，用银行存款购买印花税税票 80 000 元。	

训　　练	评价与反思
4. 极地公司8月份发生下列营业外收支业务。**要求**：根据资料进行账务处理。 （1）用银行存款向希望小学捐赠款项100万元。 __________ __________ __________ （2）用银行存款支付税收罚款2 000元。 __________ __________ __________ （3）结转确实无法支付的应付账款93 600元。 __________ __________ __________ （4）收到购货单位违约金4 000元。存入银行。 __________ __________ __________ （5）收到华侨捐赠轿车一辆，价值 20 万元，增值税税额26 000元。 __________ __________ __________	业务类型判断： __________ 训练结果： ☺ □　　☹ □ 收获：__________

训　练	评价与反思

5. 习远公司适用的所得税税率为25%。12月31日，结账前各损益类科目余额如图10.4所示。

损益类科目（结账前）余额表

2020年12月

科目名称	结账前余额	科目名称	结账前余额
主营业务收入	3 000 000（贷方）	税金及附加	240 000（借方）
其他业务收入	900 000（贷方）	销售费用	270 000（借方）
投资收益	120 000（贷方）	管理费用	450 000（借方）
营业外收入	60 000（贷方）	财务费用	150 000（借方）
主营业务成本	1 650 000（借方）	营业外支出	360 000（借方）
其他业务成本	500 000（借方）		

图10.4

要求：根据上述资料进行账务处理。

（1）结转12月份各损益类科目。

（2）计算本期的利润总额。

业务类型判断：

训练结果：

☺ □　　☹ □

收获：

训　练	评价与反思
（3）当期无纳税调整事项，计算并结转所得税费用。	
（4）结转当年净利润。	

实践训练

1．大成公司采用全月一次加权平均法确定库存商品的发出成本，图 10.5 至图 10.8 是 2021 年 3 月其产品销售相关账簿、原始凭证。**要求**：进行相关核算和账务处理，填写图 10.9 和图 10.10。

库存商品明细账

存货名称：C 产品

计量单位：千克　　　　元

2021 年		摘　要	购　入			发　出			结　存		
月	日		数　量	单　价	金　额	数　量	单　价	金　额	数　量	单　价	金　额
3	1	期初余额							600	10	6 000
	6	销售出库				800					
	11	销售出库				800					
	20	销售出库				1 700					
	15	完工入库	3 000	12	36 000						

图 10.5

产品出库单　（记账联）　　　　第 210 号

科目________　　　　日期：2021 年 3 月 6 日　　　　对方科目________

名　称	单　位	数　量	单　价	金　额									用途或原因
				百	十	万	千	百	十	元	角	分	
C 产品	千克	800											销售
合　计		800											

附件　张

主管：　　会计：　　质检员：杨洁　　保管员：林雪　　经手人：赵伟

图 10.6

产品出库单　（记账联）　　　　第 211 号

科目________　　　　日期：2021 年 3 月 11 日　　　　对方科目________

名　称	单　位	数　量	单　价	金　额									用途或原因
				百	十	万	千	百	十	元	角	分	
C 产品	千克	800											销售
合　计		800											

附件　张

主管：　　会计：　　质检员：杨洁　　保管员：林雪　　经手人：赵伟

图 10.7

产品出库单　（记账联）　　　　第 212 号

科目________　　　　日期：2021 年 3 月 20 日　　　　对方科目________

名　称	单　位	数　量	单　价	金　额									用途或原因
				百	十	万	千	百	十	元	角	分	
C 产品	千克	1700											销售
合　计		1700											

附件　张

主管：　　会计：　　质检员：杨洁　　保管员：林雪　　经手人：赵伟

图 10.8

产品销售成本计算表

年　　月

产品名称	期初库存			本期入库			本期出库		
	数量	单价	金额	数量	单价	金额	数量	单价	金额
合　计									

图 10.9

计算过程请写在下面：

____

____

____

____

____

____

记 账 凭 证

年　　月　　日　　　　　　　　记 字第　　　号

摘要	总账科目	明细科目	记账√	借方金额										记账√	贷方金额									
				千	百	十	万	千	百	十	元	角	分		千	百	十	万	千	百	十	元	角	分
合　计																								

附单据　　张

财务主管　　　记账　　　出纳　　　审核　　　制单

图 10.10

2．正方公司发生如图 10.11 和图 10.12 所示的业务。**要求**：根据资料进行账务处理，填写图 10.13。

开具红字增值税专用发票通知单

填开日期：　2021　年　08　月　11　日　　　　NO. 11411841

销售方	名称	正方有限责任公司	购买方	名称	成长有限责任公司	
	税务登记代码	91110108M114696824		税务登记代码	91110108M884300259	
开具红字发票内容	货物（劳务）名称	单价	数量	金额	税率	税额
	A产品	1,000.00	1	1,000.00	13%	130.00
	合计			¥1,000.00		¥0.00
说明	需要作进项税额转出 ☑ 不需要作进项税额转出 ☐ 纳税人识别号认证不符 ☐ 专用发票代码、号码认证不符 ☐ 对应蓝字专用发票密码区打印的代码：637631243123526413 号码：168764513 开具红字专用发票理由：商品质量与合同不符，双方协商，同意价格折让。 （印章：北京市东城区税务局 票证专用）					

经办人：　林以修　　　　负责人：　吴婵　　　　主管税务机关名称（印章）：　北京市东城区税务局

注：1.本通知单一式三联：第一联，购买方主管税务机关留存；第二联，购买方送交销售方留存；第三联，购买方留存。
2.通知单应与申请单一一对应。
3.销售方应在开具红字专用发票后到主管税务机关进行核销。

图 10.11

1100151140　　**北京　增值税专用发票**　　№ 68258353　1100151140　68258353

此联不作报销、扣税凭证使用

机器编号：002000012000　　　　开票日期：2021年08月12日

税总函[2016]××号××××公司

购买方	名　称：成长有限责任公司 纳税人识别号：91110108M884300259 地址、电话：北京市成迅路299号62838615 开户行及账号：工行北京市辰建路支行4558399322923847416				密码区	172312-4-275＜1+46*54* 82*59* 181321＞＜8182*59*09618153＜/ ＜4＜3*2702-9＞9*+153＜/0 ＞2-3 *08/4＞*＞＞2-3*0/9/＞＞25-275＜1	
货物或应税劳务、服务名称	规格型号	单位	数量	单价	金额	税率	税额
A产品			1	-1,000.00	-1,000.00	13%	-130.00
合　计					¥-1,000.00		¥-130.00
价税合计（大写）	⊗（负数）壹仟壹佰叁拾元整				（小写）¥-1,130.00		
销售方	名　称：正方有限责任公司 纳税人识别号：91110108M114696824 地址、电话：北京市兴芬路520号95968172 开户行及账号：工行北京市锐同路支行8419538597659686726				备注	校验码 52118 02817 08248 65109 （印章：正方有限责任公司 91110108M114696824 发票专用章）	

收款人：　　　复核：　林以修　　　开票人：　朱笑玮　　　销售方：（章）

第一联：记账联　销售方记账凭证

图 10.12

记 账 凭 证

年　　月　　日　　　　　　　　　　　　　　记字第　　　　号

摘要	总账科目	明细科目	记账	借方金额										记账	贷方金额									
			√	千	百	十	万	千	百	十	元	角	分	√	千	百	十	万	千	百	十	元	角	分
合　计																								

附单据　　张

财务主管　　记账　　出纳　　审核　　制单

图 10.13

模块十一 财务报表编制能力训练

在线测试

认知、思辨和职业判断训练

训　　练	评价与反思
一、简答题 1. 简述财务报表的定义。 ______ ______ ______	知识点作用：
2. 列述小企业财务报表的组成部分。 ______ ______ ______	知识点作用：
3. 简述资产负债表的概念。 ______ ______ ______	知识点作用：

训　　练	评价与反思
4. 简述利润表的概念。 ____ ____ ____ ____	知识点作用：
5. 简述现金流量表的概念。 ____ ____ ____ ____	知识点作用：
二、单项选择题 1. 资产负债表是反映企业在某一特定日期（　　）的会计报表。 A. 财务状况　　B. 经营成果 C. 现金流量　　D. 利得损失	☺ □　　☹ □ 依据知识点：__________ _______________________ _______________________
2. 资产负债表项目可直接根据有关总账科目余额填列的是（　　）。 A. 应收账款 B. 短期投资 C. 应付账款 D. 存货	☺ □　　☹ □ 依据知识点：__________ _______________________ _______________________
3. 利润表中的净利润是利润总额减去（　　）后的余额。 A. 增值税 B. 税金及附加 C. 应缴税费 D. 所得税费用	☺ □　　☹ □ 依据知识点：__________ _______________________ _______________________

训　练	评价与反思
4. 财务报表附注是对在（　　）中列示项目和未列示的重要事项所做的进一步说明。 A．会计凭证　B．会计账簿 C．会计报表　D．科目汇总表	☺□　☹□ 依据知识点：______ ______
5. 资产负债表中需要根据有关科目余额计算填列的项目是（　　）。 A．无形资产　B．应付票据 C．短期借款　D．应付职工薪酬	☺□　☹□ 依据知识点：______ ______
6. 资产负债表中资产类项目是按资产（　　）排列的。 A．流动性　B．固定性 C．重要性　D．清偿时间	☺□　☹□ 依据知识点：______ ______
7. 对利润表中的“营业利润”项目有影响的项目是（　　）。 A．其他业务成本　B．营业外收入 C．营业外支出　D．所得税费用	☺□　☹□ 依据知识点：______ ______
8. 不属于现金流量表所指现金范畴的项目是（　　）。 A．库存现金　B．银行存款 C．其他应收款　D．银行汇票存款	☺□　☹□ 依据知识点：______ ______
二、多项选择题 1. 属于资产负债表中流动资产项目的有（　　　）。 A．预付款项　B．应收票据 C．短期投资　D．应付账款	☺□　☹□ 依据知识点：______ ______ ______

训　练	评价与反思
2. 属于资产负债表中流动负债项目的有（　　）。 A．短期借款　B．应付账款 C．应付债券　D．应交税费	☺ □　☹ □ 依据知识点：＿＿＿＿
3.（　　）科目的期末余额计入资产负债表中“存货”项目的金额。 A．在途物资　B．工程物资 C．委托加工物资　D．库存商品	☺ □　☹ □ 依据知识点：＿＿＿＿
4. 影响利润表中“营业利润”项目的有（　　）。 A．已销商品的成本　B．原材料销售收入 C．出售固定资产净收益　D．投资收益	☺ □　☹ □ 依据知识点：＿＿＿＿
5. 小企业利润表中“税金及附加”项目包括的内容有（　　）。 A．增值税　B．消费税 C．教育费附加　D．房产税	☺ □　☹ □ 依据知识点：＿＿＿＿
6. 会计报表中，需要根据有关科目余额分析填列的项目有（　　）。 A．应收账款　B．预收款项 C．应付账款　D．应交税费	☺ □　☹ □ 依据知识点：＿＿＿＿
7. 科目的余额在编制资产负债表时应列入“存货”项目的有（　　）。 A．生产成本　B．原材料 C．库存商品　D．周转材料	☺ □　☹ □ 依据知识点：＿＿＿＿

训　　练	评价与反思
8. 中期资产负债表中“未分配利润”项目应根据（　　）科目余额计算填列。 A．实收资本　　B．本年利润 C．利润分配　　D．应付股利	☺ □　☹ □ 依据知识点：________ ________________
三、判断题 1．利润表是反映企业在某一特定日期经营成果的会计报表。（　）	☺ □　☹ □ 依据知识点：________ ________________
2．我国企业的资产负债表采用账户式格式，利润表采用多步式格式。（　）	☺ □　☹ □ 依据知识点：________ ________________
3．资产负债表中“未分配利润”项目应根据“本年利润”科目余额直接填列。（　）	☺ □　☹ □ 依据知识点：________ ________________
4．资产应当按照流动资产和固定资产两大类别在资产负债表中列示。（　）	☺ □　☹ □ 依据知识点：________ ________________
5．企业历年累计的亏损，应在资产负债表中“本年利润”项目填列。（　）	☺ □　☹ □ 依据知识点：________ ________________

训　　练	评价与反思
6. 资产负债表中其他应收款属于流动资产，其他应付款属于流动负债。（　）	☺ □　☹ □ 依据知识点：________ ________________ ________________
7. 利润表中“营业收入”项目的内容包括主营业务收入、其他业务收入和投资收益。（　）	☺ □　☹ □ 依据知识点：________ ________________ ________________
8. 小企业发生坏账损失的金额，应包含在利润表的“营业外支出”项目金额中。（　）	☺ □　☹ □ 依据知识点：________ ________________ ________________
9. 执行《小企业会计准则》企业的现金流量表里的“现金”，是指小企业的库存现金及可以随时用于支付的存款和其他货币资金。（　）	☺ □　☹ □ 依据知识点：________ ________________ ________________
10. 企业编制财务报表的目标，是向财务报表使用者提供与企业财务状况、经营成果和现金流量等有关的会计信息，以有助于财务报表使用者做出经济决策。（　）	☺ □　☹ □ 依据知识点：________ ________________ ________________

应用训练

训　　练	评价与反思
2021 年 3 月 31 日，湖广公司有关科目期末余额如图 11.1 所示。	业务类型判断：________
	训练结果：
	☺ □　　☹ □
	收获：________

湖广公司科目余额表（部分）

元

科　目	借方余额	科　目	贷方余额
库存现金	2 000	累计折旧	2 600 000
银行存款	350 000	预收账款	480 000
其他货币资金	500 000	利润分配——未分配利润	30 000
应收账款	330 000		
预付账款	130 000		
固定资产	8 700 000		
生产成本	240 000		
在途物资	16 000		
库存商品	620 000		
原材料	150 000		
周转材料	200 000		
委托加工物资	2 400		
本年利润	130 000		

说明：往来科目明细账余额方向均与总账余额方向一致。

图 11.1

要求：根据上述资料，回答下列问题。

1．公司 3 月 31 日资产负债表中“货币资金”项目“期末余额”栏的金额是（　）元。

A．852 000　　B．2 000

C．352 000　　D．502 000

2．公司 3 月 31 日资产负债表中“应收账款”和“预收账款”两个项目“期末余额”栏的金额分别是（　　）元和（　　）元。

A．480 000　　B．800 000

C．330 000　　D．0

3．公司 3 月 31 日资产负债表中“固定资产账面价值”项目“期末余额”栏的金额是（　　）元。

A．8 700 000　　B．6 100 000

C．5 500 000　　D．6 700 000

训　　练	评价与反思
4．公司3月31日资产负债表中“存货”项目的“期末余额”栏的金额是（　　）元。 A．1 240 000　　B．1 228 400 C．270 000　　D．130 000 5．公司3月31日资产负债表中“未分配利润”项目“期末余额”栏的金额是（　　）元。 A．30 000　　B．160 000 C．−100 000　　D．130 000	

实践训练

1. 大华股份有限公司采用《小企业会计准则》进行核算。该公司2020年12月31日的有关资料如图11.2所示。

大华股份有限公司科目余额表

2020年12月31日　　元

科目名称	借方余额	贷方余额
库存现金	10 000	
银行存款	57 000	
应收票据	60 000	
应收账款	75 000	
预付账款		30 000
原材料	105 000	
周转材料	10 000	
库存商品	100 000	
短期投资	2 000	
固定资产	800 000	
累计折旧		300 000
在建工程	40 000	
无形资产	150 000	
短期借款		10 000
应付账款		70 000
预收账款		10 000
应付职工薪酬	4 000	
应交税费		13 000
长期借款		80 000
实收资本		500 000
盈余公积		200 000
未分配利润		200 000

图11.2

说明：

（1）预收账款仅有一明细账有余额。

（2）长期贷款明细账显示，长期借款共2笔，均为到期一次性还本付息。其金额和期限如下。

① 从工商银行借入30 000元，期限为2018年6月1日至2021年6月1日。

② 从建设银行借入50 000元，期限为2019年8月1日至2022年8月1日。

续图 11.2

要求：根据上述资料，编制大华股份有银公司2020年12月31日的资产负债表，如图11.3所示。

资产负债表

会小企01表

编制单位：　　　　　　　　　　　　年　　月　　日　　　　　　　　　　　　元

资　产	行次	期末余额	年初余额	负债和所有者权益	行次	期末余额	年初余额
流动资产：				流动负债：			
货币资金	1			短期借款	31		
短期投资	2			应付票据	32		
应收票据	3			应付账款	33		
应收账款	4			预收账款	34		
预付账款	5			应付职工薪酬	35		
应收股利	6			应交税费	36		
应收利息	7			应付利息	37		
其他应收款	8			应付利润	38		
存货	9			其他应付款	39		
其中：原材料	10			其他流动负债	40		
在产品	11			流动负债合计	41		
库存商品	12			非流动负债：			
周转材料	13			长期借款	42		
其他流动资产	14			长期应付款	43		
流动资产合计	15			递延收益	44		
非流动资产；				其他非流动负债	45		
长期债券投资	16			非流动负债合计	46		
长期股权投资	17			负债合计	47		
固定资产原价	18						
减：累计折旧	19						
固定资产账面价值	20						
在建工程	21						
工程物资	22						
固定资产清理	23						
生产性生物资产	24			所有者权益			
无形资产	25			实收资本（或股本）	48		
开发支出	26			资本公积	49		
长期待摊费用	27			盈余公积	50		
其他非流动资产	28			未分配利润	51		
非流动资产合计	29			所有者权益合计	52		
资产总计	30			负债和所有者权益总计	53		

图 11.3

2. 丰美公司 2020 年度有关损益类科目本年累计发生净额如图 11.4 所示。

丰美公司 2020 年度损益类科目累计发生净额

元

科目名称	借方发生额	贷方发生额
主营业务收入		5 671 000
其他业务收入		239 000
主营业务成本	2 252 220	
其他业务成本	67 780	
税金及附加	100 000（城建税 70 000 元，教育费附加 30 000 元）	
销售费用	420 000（广告费用 220 000）	
管理费用	1 220 000（业务招待费 66 000 元，研究费用 122 000 元）	
财务费用	61 000（利息费用 40 000 元）	
投资收益		75 000
营业外收入		110 000
营业外支出	266 700（坏账损失 60 000 元）	
所得税费用	426 825	

图 11.4

要求：根据上述资料，编制丰美公司 2020 年度利润表，如图 11.5 所示。

利润表

会小企 02 表

编制单位：　　　　年　　月　　　　元

项　目	行次	本年累计金额	上期金额
一、营业收入	1		（略）
减：营业成本	2		
税金及附加	3		
其中：消费税	4		
营业税	5		
城市维护建设税	6		
资源税	7		
土地增值税	8		
城镇土地使用税、房产税、车船税、印花税	9		
教育费附加、矿产资源补偿费、排污费	10		
销售费用	11		
其中：商品维修费	12		
广告费和业务宣传费	13		
管理费用	14		
其中：开办费	15		

图 11.5

项　目	行次	本年累计金额	上期金额
业务招待费	16		
研究费用	17		
财务费用	18		
其中：利息费用（收入以“-”填列）	19		
加：投资收益（损失以“-”填列）	20		
二、营业利润（亏损以“-”填列）	21		
加：营业外收入	22		
其中：政府补助	23		
减：营业外支出	24		
其中：坏账损失	25		
无法收回的长期债券投资损失	26		
无法收回的长期股权投资损失	27		
自然灾害等不可抗力因素造成的损失	28		
税收滞纳金	29		
三、利润总额（亏损总额以“-”填列）	30		
减：所得税费用	31		
四、净利润（净亏损“-”填列）	32		

续图 11.5

尊敬的老师：

您好。

请您认真、完全地填写以下表格的内容（务必填写每一项），索取相关图书的教学资源。

教学资源索取表

书　名				作者名	
姓　名		所在学校			
职　称		职　务		讲授课程	
联系方式	电话：			E-mail：	
地址（含邮编）					
贵校已购本教材的数量（本）					
所需教学资源					
系／院主任姓名					

系／院主任：____________________（签字）

（系／院办公室公章）

20_____年____月____日

注意：

① 本配套教学资源仅向购买了相关教材的学校老师免费提供。

② 请任课老师认真填写以上信息，并**请系／院加盖公章**，然后传真到（010）80115555转718438上索取配套教学资源。也可将加盖公章的文件扫描后，发送到fservice@126.com上索取教学资源。

PHEI 電子工業出版社
PUBLISHING HOUSE OF ELECTRONICS INDUSTRY